V&R

RELi + wir

Herausgegeben von
Ilka Kirchhoff | Siegfried Macht | Helmut Hanisch

Erarbeitet und erprobt von
Sabine Dievenkorn, Schwerin | Barbara Flaig, Göttingen
Helmut Hanisch, Leipzig | Ilka Kirchhoff, Osnabrück
Heide-Marie Koch, Lüneburg | Claudia Leßelich, Haan
Siegfried Macht, Bayreuth | Kornelia Ohm, Nürtingen

Theologisch/didaktisch begleitet von
Karin Finsterbusch, Landau | Dietlind Fischer, Münster
Matthias Hahn, Drübeck | Peter Müller, Karlsruhe
Manfred Spieß, Bremen | Rudolf Tammeus, Göttingen

Vandenhoeck & Ruprecht

RELi + wir

Schuljahr 5|6|7

Vandenhoeck & Ruprecht

Wir danken ...
Wir danken allen Schülerinnen und Schülern,
die dieses Buch im Entstehen kritisch begleitet haben,
besonders den Klassen 5a/b, 6a/b und 7a,b,c (2006)
im Unterricht von Claudia Leßelich der Emil-Barth-Realschule
in Haan.

Riko, Erkan und Lisa wurden fotografiert von Michael Fabian.
Die Kreuzungen wurden gezeichnet von Nadine Zapf.

ISBN 978-3-525-77610-0

Printed in Germany.

Grafische Gesamtkonzeption: Rudolf Stöbener, Göttingen
Layout | Lithografie | Grafik: weckner media + print GmbH, Göttingen
Druck und Bindung: Quensen Druck + Verlag, Hildesheim-Lamspringe

Gedruckt auf alterungsbeständigem Papier.

Wir haben RELi – und machen mit!

„Kommt drauf an“, murmelt Riko.

Den lernt ihr noch kennen.
Der hat manchmal einfach keine Lust auf Schule. Aber reden wir jetzt nicht über Schule. Sondern ganz speziell über RELi.

„Kommt drauf an ...“, sagt auch Lisa.

Auch die lernt ihr kennen. „Kommt drauf an, wie RELi gemacht wird“, sagt Lisa weiter. „Ich stelle mir manchmal Fragen wie: Was soll das alles? Wer bin ich? Warum läuft so vieles schief? – Ja, wenn man in RELi über so etwas reden könnte, richtig offen, und Sachen machen und ausprobieren ...“

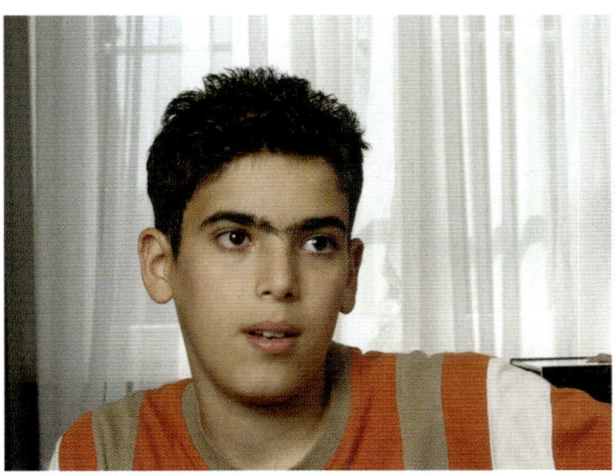

„Man könnte mal versuchen, herauszubekommen, wo Gott heute steckt“, sagt Erkan. „Deiner oder meiner oder – welcher? Warum gehen manche Leute in die Kirche und andere in die Moschee?“

„Und viele gar nicht“, meint Riko und gähnt. Lisa lacht. „Sehen wir mal ...“

Wir haben RELi – und das bedeutet ...

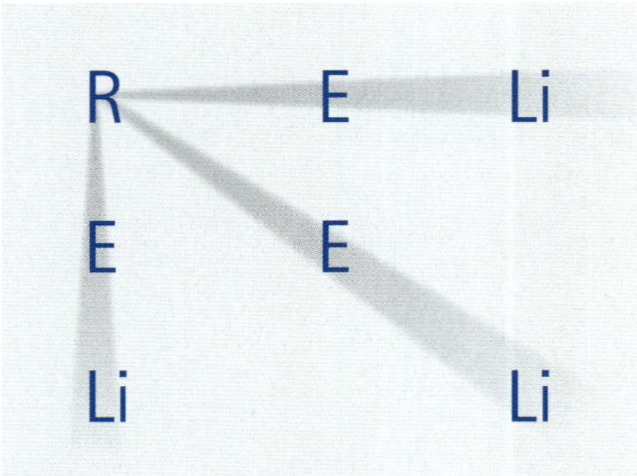

Wir haben **Reli**gionsunterricht.

Wir fragen nach **Reli**gion.

Wir lernen mit
Riko, **E**rkan und **Li**sa.

Was wir machen

Deuten:
Seht euch in Tischgruppen die Fragen und Antworten an. Habt ihr Fragen, Wünsche, Vorschläge? Stimmt euch miteinander ab.

Erkunden:
Seht euch das RELi-Buch genau an, besonders das Inhaltsverzeichnis.
Was sind „Treffpunkte“ und „Kreuzungen“? Wie könnt ihr mit ihnen arbeiten?

Klären:
Besuche Religion. Sag es in einem Satz: „Religion ist ...“

Religionsunterricht

- Lernen über Religion: Was ist das überhaupt?
- Reden über Religion: Brauche ich sie oder brauche ich sie nicht?
- Lernen über Religionen: Welche gibt es? Wie unterscheiden sie sich?
- Christliche Religion kennenlernen: Ist es meine?

Wir haben RELi – und fragen nach Gott

Interview mit einer Band

Frage: Glaubt jemand aus eurer Band an ein höheres Wesen oder irgendeine Religion?

Antwort: Ja, das tun wir. Ich glaube, wir haben alle den Gedanken, dass jemand über uns wacht und insbesondere glaube ich daran, dass die Idee für einen Song nicht aus dir selbst, sondern durch dich kommt. Es muss dort oben etwas oder jemanden geben. Ich finde das ... irgendwie beruhigend.

Was wir machen

Suchen:
Welches der Bilder oben auf der Seite hat für dich mit Religion zu tun? Sammelt Antworten.

Fragen:
Lest das Interview. Stellt weitere Fragen und denkt euch Antworten aus.

Klären:
Das RELi-Buch nennt die „höhere Macht" Gott und meint damit zuerst den Gott, von dem Jesus Christus erzählt. – Wie nennt Jesus Gott? In Kreuzung A steckt die Antwort.

Wir ... ... und Jesus

Ich ... ...und Gott

Treffpunkte ...

In den 28 Schritten findest du immer wieder Hinweise auf Treffpunkte.
Dort findest du wichtige Sachinformationen.
Die Treffpunkte beginnen auf Seite 253. Sie sind alphabetisch sortiert.

Kreuzungen ...

In den 28 Schritten findest du immer wieder Hinweise auf Kreuzungen – A, B, C bis H.
Du findest dort Bilder, die viel über Gott, Jesus und seine Zeit, über Christentum und Kirche verraten. Du kannst die Bilder als Info-Börse benutzen.
Ihr findet dort aber auch Aufgaben und Projekte für mehrere RELi-Stunden.

Treffpunkte

1 Neue Seiten aufschlagen

Das Auto parkt seit zehn Minuten bei
der neuen Schule. Die großen Ferien sind vorbei.
Ein neues Schuljahr beginnt.
„Doppelt neu“, hat der Vater zu Riko gesagt.
Riko wird umgeschult und seine Familie
ist in eine neue Stadt gezogen.
Riko steigt nicht aus.
Er kramt in seinem Rucksack.
„Was ist da eigentlich drin?“, fragt seine Mutter.
„Och“, sagt Riko. „Ein paar Sachen von meiner
alten Schule ...“

Im ersten Schritt wird klar:
Anfangen ist Chance und Risiko.

Im ersten Schritt geht es
ums Kennenlernen –
um neue Leute, neue Fragen
und um einen, der erklärt:
„Ich mache alles neu.“

Sich begrüßen

Was wir machen

Betrachten:
Wie schaut Riko euch auf dem Foto entgegen? Was denkt er? Wie würdet ihr ihn ansprechen?

Probieren:
Spielt einander Begrüßungen vor: vor der Schule, auf dem Sportplatz, im Wartezimmer des Arztes …

Werten:
Wie willst du begrüßt werden: in der neuen Schule, in der neuen Gruppe, wenn du nach Hause kommst?

Spielen:
Ihr steht im Kreis – drei gehen außen herum und schütteln jeder und jedem die Hand. Dazu werden kurze Begrüßungen ausgetauscht.

Hallo

Was läuft?

Hey

Hi

Willkommen

Guten Morgen

Grüß Gott

moin

Tach

Hmm …

Wie geht's?

Ich heiße Lisa Winkler.
Ich bin 11 Jahre alt.
Ich wohne in der Brahmsstraße
mit Mama, Papa und Tim.
Tim ist mein Bruder.

Das ist Mirko, mein Hund.
Er ist sehr frech.
Aber ich mag ihn.

Außerdem mag ich Musik,
mein Handy und Pizza.

Was wir machen

Fragen:
Eine von euch kann Lisa sein. Stellt Lisa Fragen, um sie besser kennenzulernen. Lisa antwortet ...

Probieren:
Ihr sitzt im Kreis. Die Erste sagt: „Ich heiße ... und ich mag ..." Der Nächste (zurückgewandt): „Das ist ... und sie mag ... (dann): „Ich bin ... und ich mag ..."

Spielen:
Prüft, was ihr schon voneinander wisst: Einer steht auf und fragt: „Wer bin ich?" Die Gefragte antwortet: „Du heißt ... und magst ...".

Gestalten:
Wie willst du dich vorstellen? Entwirf eine „Ich-bin-Zeitung": Knicke ein Blatt, so dass du Vorderseite, Rückseite und zwei Innenseiten hast. Schreib deinen Namen, Hobbys, Lieblings-...; kleb ein Foto ein.

Sich schlau machen

Auf dem Heimweg

Lisa	Na so was! Wir haben den gleichen Weg.
Riko	Kann sein.
Lisa	Ich wohne in der Brahmsstraße.
Riko	Ja, hast du schon gesagt.
Lisa	Zu Hause hab ich erst mal eine Menge zu erzählen – na ja, wenn jemand da ist. Ich weiß nicht ... Also Tim, ja, der müsste da sein. Das ist mein Bruder. Und Mirko natürlich. Der ist immer da. Mirko ist ...
Riko	... dein Hund. Ja, hast du schon gesagt.
Lisa	Ich glaube, ich geh nachher ins Freibad. Ich schwimme gern, weißt du?
Riko	Ja, weiß ich, hast du schon gesagt.
Lisa	(bleibt stehen) Wie gut du mich schon kennst!?

Was wir machen

Werten:
Wie viele Wörter spricht Lisa, wie viele Riko? Was fällt auf? „Zu einem Gespräch gehören immer zwei", sagt Lisas Oma, als Lisa ihr von Riko erzählt. Erkläre, wie sie das meint.

Sammeln:
Formuliert Tipps:
Wie lernt man Leute kennen? Wie fängt man ein Gespräch an? Welche Fragen kann man stellen? Jeder schreibt seinen Tipp auf einen Zettel oder eine farbige Karte; gestaltet damit ein Poster.

Umdenken:
Angenommen, du willst jemanden kennenlernen, den du nicht persönlich treffen kannst – einen Star, einen Filmhelden, eine Figur aus einem Buch oder eine Persönlichkeit, die schon lange tot ist – wie machst du das? Schreib wieder einen Tipp auf eine Karte. Gestaltet ein zweites Poster und vergleicht ...

Klären:
Schreibt Namen von bekannten Persönlichkeiten an die Tafel, die vor langer Zeit gelebt haben. Überlegt euch Gründe, warum es wichtig sein kann, über sie Bescheid zu wissen.

Wer ist Jesus?

Was wir machen

Betrachten:
Was seht ihr auf dem Bild? Beschreibt das Gesicht, seinen Ausdruck. Wohin schaut er? Was fällt auf?

Klären:
Jesus sagt: „Ich bin das A und das O" (A und O sind der erste und der letzte Buchstabe im griechischen Alphabet) – was will er damit sagen?

Forschen:
Besucht ✣ Jesus Christus – Was könnte Jesus von sich erzählen? – „Ich heiße ... und ich mag ..."

Nach Jesus fragen

Über zweitausend Jahre ist es her – da wurde Jesus geboren. Wir nennen unsere Zeit nach diesem Ereignis: 2008, 2018, 2028 nach Christi Geburt. Er ist der Anfang – und wie steht es mit dem Ende? Forscher wollten herausfinden, was Kinder und Jugendliche heute noch von Jesus wissen. Hier sind einige Antworten.

Anne: Er ist Gottes Sohn. Macht nur gute Sachen.

Marcel: Der ist in einem Stall geboren.

Micha: Dass Jesus ein heiliger Mann war. Dass er denen geholfen hat, die in Not waren.

Sascha: Auf jeden Fall war er der Sohn Gottes und war halt der Herr der Christen. Und man soll, also man kann jedem überlassen, ob er nun an den glaubt oder nicht.

Marcel: Der wurde auch gekreuzigt.

Anne: Und da ist er irgendwie wieder aus dem Grab gekommen.

Auf die Frage, ob die Kinder wissen, was Jesus getan oder gesagt hat, erzählt Sascha, dass Jesus Brot und Fische für über 1000 Hungrige besorgt hat. Marcel erzählt wieder von der Geburt im Stall. Und Micha weiß eine Geschichte von einem Hirten, der das verlorene Schaf sucht.

Was wir machen

Sammeln:
Was wisst ihr von Jesus? Tragt alles zusammen und überlegt, wie ihr es ordnen könnt.

Klären:
Besprecht die Antworten der Kinder. Wo kannst du einhaken und selbst etwas beitragen oder ergänzen? Vergleicht mit dem, was ihr in Jesus Christus gelesen habt.

Sichern:
Suche fünf wichtige Wörter aus den Antworten und schreib sie als Hinweise in deine RELi-Mappe; Überschrift: Wer ist Jesus?

Fragen:
Vielleicht trägt jemand von euch ein Kreuz oder kennt jemanden, der eines trägt? Fragt nach dem Grund. Oder macht eine eigene Umfrage: Was weißt du/was wissen Sie von Jesus? Tragt Antworten zusammen und vergleicht sie.

Erkans Neuigkeit

Erkan: Wisst ihr, wer **Isa ben Mirjam** ist?

Lisa: Nie gehört.

Erkan: Warum trägst du dann das Ding da?

Lisa (fasst sich an den Hals): Das Kreuz hier?

Erkan (grinst): Genau.

Lisa: Das ist das Zeichen von Jesus.

Erkan: Also kennst du ihn doch ...

Riko: Willst du sagen: Jesus und Isa – das ist derselbe?

Erkan: Wie man es nimmt.

Lisa: Isa ben Mirjam ... das klingt türkisch.

Erkan: Es ist arabisch. Der **Koran**, das heilige Buch unseres Glaubens, des **Islam**, ist arabisch geschrieben.

Riko: Und da steht was über Jesus drin?

Erkan: Allerhand. Er ist ein wichtiger Lehrer unseres Glaubens, ein **Prophet**.

Lisa: Gottes Sohn.

Erkan: Das gerade nicht ...

Was wir machen

Fragen:
Fragt muslimische Klassenkameradinnen oder -kameraden nach der Bedeutung der oben hervorgehobenen Worte.

Bedenken:
„Wie man es nimmt", sagt Erkan. Besprecht, was er damit meint.

Klären:
„Das gerade nicht", sagt Erkan. Was nicht? Warum nicht? Besuche Islam.

Jesus kennenlernen

Um zu erfahren, wer Jesus für die Christen ist, kannst du nachlesen, was einige Zeit nach seinem Tod seine Anhänger aufgeschrieben haben.

Sie haben Jesus-Bücher geschrieben und vier davon sind in der Bibel. Mit ihnen beginnt das Neue Testament. Diese Jesusbücher heißen „Gute Nachricht", auf Griechisch: Evangelium. Die, die sie aufgeschrieben haben, nennt man Evangelisten. Jeder der Evangelisten erzählt auf seine Weise ...

Was wir machen

Klären:
Besuche Evangelist.
Was weiß man über Markus, Matthäus, Lukas und Johannes – was nicht? Schreib zu jedem Evangelisten einen Merksatz auf.

Wählen:
Such dir einen der Evangelisten aus. Male sein Zeichen (siehe). Schlag sein Evangelium auf und schreib den ersten Satz ab, der dir wichtig scheint.

So fangen die ersten drei Evangelien an ...

Markus beginnt	mit der Taufe des erwachsenen Jesus.
Matthäus erzählt,	dass Gott auf Jesus aufgepasst hat, schon, als er noch ein Baby war.
Lukas erzählt,	dass ein Engel zu Maria kam und ihr die Geburt des Jesuskindes ansagte.

Jesus sagt: Ich bin

Johannes erzählt,

dass Jesus schon immer bei Gott gewesen ist und dass er von Gott auf die Erde geschickt wurde.

Im Johannesevangelium stehen viele Ich-bin-Worte.
Johannes berichtet, dass Jesus sie gesagt hat. Wahrscheinlicher ist, dass Johannes und die Christen in seiner Umgebung so über Jesus dachten.

„Ich bin das Brot des Lebens.“	Kapitel 6
„Ich bin das Licht der Welt.“	Kapitel 8
„Ich bin der gute Hirte.“	Kapitel 10
„Ich bin der Weg und die Wahrheit und das Leben.“	Kapitel 14

Was wir machen

Forschen:
Die Kapitel, in denen die Ich-bin-Worte stehen, sind angegeben. Aber manche Kapitel sind lang. Schlagt die Bibel auf und sucht um die Wette. Schreibt auf, um welchen Vers es sich handelt.

Deuten:
Lest jeweils einen Vers weiter: Findet ihr dort eine Erklärung für das Ich-bin-Wort?

Werten:
Vier Leute schreiben über Jesus – und schreiben nicht alle dasselbe.
„Such dir einen Jesus aus“, meint Riko spöttisch. Sprecht darüber.

Gestalten:
Wählt in Gruppen eines der Ich-bin-Worte aus und gestaltet dazu ein Poster.

Jesus macht neu

Und der, der auf dem Thron saß, sprach: Siehe, ich mache alles neu.

Offenbarung 21,5

Zachäus erzählt:

„Ja, in der Tat, so war es. Er hat mich neu gemacht. Ich hatte mich auf einen Baum gesetzt, bloß um ihn mal zu sehen. Er aber kam und sprach mich an ..."

Was wir machen

Lesen:
Dies ist der Anfang einer Geschichte. Was erfahrt ihr über Zachäus? Was müsst ihr noch herausfinden?

Forschen:
Sucht die Zachäus-Geschichte in der Bibel: Lukas, Kapitel 19 (Anfang). Warum klettert Zachäus auf den Baum? Was will Jesus von ihm? Was ändert sich bei Zachäus? Wodurch?

Gestalten:
Überlegt in Gruppen, wie ihr der Klasse die Zachäus-Geschichte ohne Worte deutlich machen könnt – als Spiel, als Comic, mit Knetfiguren?

Werten:
Was erfahrt ihr durch diese Geschichte über Jesus? Sprecht darüber. Angenommen, euch würde so ein Neumacher begegnen – was könnte oder was sollte er bei euch neu machen?

2 Zurechtfinden

Hi, Omi, ich komm gerade wieder heim.
Ist ganz okay, die neue Schule. Aber alles viel
größer und voller als in der Grundschule.
Laut, sag ich dir und durcheinander!
Zuerst dachte ich: Da find ich mich nie zurecht.
Aber dann hat unsere neue Klassenlehrerin uns alles
gezeigt. Weißt du, was das Seltsamste ist?
In der Grundschule habe ich mich schon richtig
groß gefühlt ...

Im zweiten Schritt wird klar:
Wer sich zurechtfinden will,
braucht Halt und Regeln.

Im zweiten Schritt lernst du
Regeln kennen,
die seit 3000 Jahren wichtig sind –
und Menschen, die danach leben.

Wo bin ich?

Was wir machen

Probieren:
Der gezeichnete Irrgarten hat oben links seinen Eingang, unten rechts den Ausgang. Suche mit den Augen oder mit dem stumpfen Ende eines Stifts den Weg. Ihr könnt um die Wette suchen – auch in Zweiergruppen.

Reden:
„Frust" oder „Vergnügen" – tauscht eure Erfahrungen mit dem Irrgarten aus.

Gestalten:
Zeichne einen eigenen Irrgarten. Dein Nachbar soll hindurchfinden – gib ihm dazu schriftlich einige Tipps.

Seltsam:

Ich sah Leute auf dem Jahrmarkt, die gingen
zu ihrem Vergnügen in einen gläsernen Irrgarten.

Sie stießen sich die Nasen, sie liefen gegen Wände,
sie kamen nicht mehr raus.

Und das soll ein Vergnügen sein?

Wie finde ich mich zurecht?

Ein Traum: Ich erwache in einer fremden Welt.
Keine Ahnung, wo! Ich stehe auf.
Ich sehe mich um. Da ist nichts, was ich kenne.
Wohin soll ich mich wenden ...?

Was wir machen

Schauen:
Suche auf dem Bild Elemente, die dir helfen können, dich zurechtzufinden.

Sammeln:
Land, Meer, Himmel, Internet – welche Wegzeichen helfen beim Zurechtfinden?

Gestalten:
In Gruppen: Ihr seid der Anbieter eines Reiseführers oder einer Navigationshilfe durch das Internet: Gestaltet ein Werbeplakat.

Probieren:
Denk dir ein Ziel im Umkreis der Schule. Überleg dir Wegzeichen, die helfen können, dieses Ziel zu finden. Schreib sie der Reihe nach auf. Nenne sie der Klasse und lass raten, zu welchem Ziel sie führen.

Zeichen, die sagen, wo's langgeht

Was wir machen

Klären:
Erzählt euch von Erfahrungen mit Verkehrsregeln:
Welche sind sinnvoll? Welche scheinen überflüssig?

Probieren:
Der Reihe nach: Jeder erklärt eines der Schilder; wer die echte Bedeutung nicht kennt, erfindet eine originelle.

Bedenken:
„Fischen verboten" – das ist eine Grußkarte. Auf welches Problem beim Aufstellen von Regeln weist sie hin? Wem würdest du sie schicken – warum?

Füllen:
Erfindet eine „Geschichte von zwei Regeln, die sich beißen" (zu zweit) oder findet Regeln für das Aufstellen von Regeln (zu viert).

Menschen, die sagen, wo's langgeht

Was wir machen

Wahrnehmen:
Betrachte das Foto. Beschreibe die Stimmung. Lege den drei Beamten passende Worte in den Mund.

Deuten:
Der Fotograf sagt: „Uniform und Lachen – wie passt denn das zusammen?" – Sprecht darüber: Was erwartet ihr von Menschen in Uniform?

Klären:
Tragt zusammen: Wer hat etwas zu sagen? Wer hat euch etwas zu sagen?

Diskutieren:
Welche Rechte haben Lehrer, Eltern, der Bademeister im Schwimmbad?

Gott sagt, wo's langgeht

Eine Tora-Rolle
(Die Schrift ist hebräisch.)

Lisa: Wusstet ihr schon: Die Bücher Mose im Alten Testament sind zuerst das Heilige Buch der Juden. Sie nennen es Tora. Das heißt: Gesetz.

Erkan: Gesetz? All die Geschichten von der Schöpfung und vom Turmbau zu Babel, von der Arche Noah, von Abraham und Sara, von Mose und Mirjam heißen Gesetz? Wieso denn das?

Das ganze Gesetz auf einem Bein

Ein Mann lief von einem berühmten Meister zum andern und fragte: „Rabbi, kannst du mir das Gesetz erklären und sagen, was ich zu tun habe – dies alles aber in der Zeit, in der ich auf einem Bein stehen kann?"

Die Gelehrten jedoch waren Jahr für Jahr tiefer in das Gesetz eingedrungen und wurden unwillig über den Mann, der keine Zeit mitgebracht hatte. So schickten sie ihn alle fort, alle, bis auf Rabbi Hillel. Der nämlich sagte: „Alles, was du willst, dass die Leute es dir tun, das tu du ihnen auch!"

Was wir machen

Antworten:
Antworte Erkan. Besuche dazu ⁂ Tora.

Bedenken:
Lies die Anekdote vom „Gesetz auf einem Bein" – Was sagt sie über das Gesetz?

Probieren:
Erfindet einen Tanz, in dem das Stehen auf einem Bein im Mittelpunkt steht.

Gebote zum Leben

Wenn Menschen zusammenleben, brauchen sie Regeln. Das war schon vor Jahrtausenden so.
Die Zehn Gebote stehen im Alten Testament. Die Bibel erzählt, dass Gott selbst sie seinem Volk gegeben habe. Sie seien Gottes Wille.

1. Ich bin dein Gott. Ich allein.

2. Ich bin dein Gott. Beleidige mich nicht.

3. Ich bin dein Gott. Feiere mit mir den Sonntag.

4. Ehre deine Eltern!

5. Töte nicht!

6. Sei nicht untreu!

7. Stiehl nicht!

8. Lüg nicht!

9. Sei nicht neidisch auf das, was andere haben.

10. Sei nicht neidisch auf andere.

Was wir machen

Betrachten
Die Zehn Gebote als Verkehrsschilder: Erkläre die Formen.

Umbauen:
Bau die Gebote in den Stopp-Schildern um, so dass sie in Achtung-Schilder passen: Beispiel: Töte nicht = Lass leben!

Klären:
Informiere dich über die Zehn Gebote: Wo stehen sie? Was steht da wörtlich? Besuche Zehn Gebote.

Diskutieren:
Passen alle Gebote noch in unsere Zeit? Sprecht darüber, ob ihr sie ändern würdet und wie.

Gebote, die wirken

Die Bergpredigt ist eine Sammlung von Regeln und Geschichten, durch die Jesus zeigen will, worauf es im Leben ankommt. Matthäus erzählt: Jesus stieg auf einen Berg, damit ihn alle hören konnten ...

Hört zu: Ihr könnt gar nicht freundlich genug sein.

Die euch hassen: Liebt sie.
Denn wenn ihr zurück hasst, **werdet ihr wie sie.**

Die euch verfluchen: Segnet sie.
Denn wenn ihr zurück flucht, **werdet ihr wie sie.**

Die euch beleidigen: Sagt ihnen Gutes.
Denn wenn ihr sie zurück beleidigt, **werdet ihr wie sie.**

Wenn sie euch schlagen,
wehrt euch nicht.
Denn wenn ihr euch wehrt, **werdet ihr wie sie.**

Wenn sie euch den Mantel nehmen,
gebt ihnen auch den Kittel.
Denn wenn ihr euch an Sachen klammert, **werdet ihr wie sie.**

Handelt so, wie ihr behandelt werden wollt.
Dann tut ihr einander gut.

Nach Matthäus 5,17–48

Was wir machen

Betrachten:
Was ist ein „Wolf im Schafspelz“?

Bedenken:
Lies den Text. Erkläre mit eigenen Worten, warum man nicht zurückzahlen soll, was einem angetan wird.
Sprecht darüber: Ist so viel Frieden möglich?

Verbinden:
„Das Bild passt nicht zum Text“ – Diskutiert diese Meinung eines Schülers.

Himmel oder Hölle

In der Bergpredigt wird deutlich, was Himmel ist, was Hölle:

Was wir machen

Füllen:
Finde einen weiteren Satz zum „Himmel" und einen weiteren Satz zur „Hölle". Lest den Text laut – und dann jeder und jede seinen bzw. ihren Zusatz.

Gestalten:
Malt Himmel und Hölle als Gegenbilder. Oder: „Malt" Himmel und Hölle mit Klängen. Oder: Zeigt Himmel und Hölle in stummen Spielszenen.

Handeln:
Ruft mit einer Plakat-Aktion dazu auf, so zu leben, wie Jesus es will – heute und hier. *Oder:* Überlegt euch selbst Regeln für ein gutes Miteinander in der Klasse.

Das größte Gebot

Was wir machen

Einsetzen:
Was sagt Jesus dem jungen Mann? Macht Vorschläge und diskutiert sie. Das Bild gibt einen Hinweis: Was tun die Menschen auf dem Bild? Die Lösung findet ihr in der Bibel, im Lukas-Evangelium, Kapitel 10, Vers 27.

Klären:
Wenn du das Bild ganz genau anschaust, erkennst du ein lateinisches Wort – „charitas" oder „caritas". Sieh das Wort nach (Lexikon, Internet; zum Beispiel im Internetlexikon bei Wikipedia): Was bedeutet es? In welchem Zusammenhang begegnet es uns heute?

Einmal fragte ein junger Mann:
„Was will Gott von uns?
Was ist das wichtigste Gebot?"

Jesus antwortete: „Liebe ... und liebe ... ."

Da wunderte sich der junge Mann.
„Ist das alles?"

Jesus antwortete: „Wenn du das tust, sind alle anderen Gebote erfüllt."

Nach Lukas 10,25–28

Guter Rat

Lange bevor die Sonne und der Mond,
die Erde und die Sterne geschaffen wurden,
waren bei Gott die Engel.
Und weil viele der Engel gar nicht so recht wussten,
was sie die ganze lange Ewigkeit tun sollten,
versammelten sie sich eines Tages in respektvoller
Entfernung um den Herrn des Himmels und
baten ihn, dass er sich doch etwas von ihnen
wünschen solle.

Der aber, als hätte er nur darauf gewartet, sprach:
„Rückt alle ein wenig mehr zusammen, aber so,
dass jeder jedem am nächsten steht." Also rückten
sie alle einander näher, aber oh weh:
Kaum rückte der eine seinem rechten Nachbarn
näher, war er vom linken nur um so weiter entfernt.
Und rückte er auf diesen zu, so musste er jenen
allein lassen. Nachdem sie so eine
Weile ratlos hin und hergegangen waren und in
einem großen weiten Kreis um den Herrgott standen,
sprach Gabriel:

„Nicht nach rechts oder links lasst uns gehen,
sondern noch weiter auf den Herrn zu, so weit es
irgend geht, so kommen wir auch uns einander
näher, dass es näher nicht geht."

Was wir machen

Probieren:
Stellt euch auf wie die
Engel im Gleichnis,
spielt die Bewegung nach.

Deuten:
Was lernst du aus diesem
Gleichnis über Gottes Willen?
Was lernen die „Engel" über
den Sinn ihres Lebens?

Klären:
Vergleiche den Text mit
anderen Texten des Schritts
„Zurechtfinden" – erkläre
den Zusammenhang.

Füllen:
Unterhaltet euch über Engel:
Was glauben Menschen
von Engeln? Was tun Engel
im Himmel, was tun sie auf
der Erde?

Handeln:
Plant eine Aktion für den
Schulhof mit dem Motto
„Sei ein Engel". Überlegt euch,
wozu ihr mit diesem Motto
aufrufen wollt und welchem
Zweck eure Aktion dienen soll.

Kreuzung A: Jesus und Gott

Kreuzung A: Was wir machen

Jesus fühlte sich Gott sehr nah. Er sagte zu ihm Abba. Das ist die vertraute Anrede eines Kindes für seinen Vater: Papa. Die Evangelien erzählen, dass Jesus im Namen Gottes sprach und handelte. Er sagte Dinge, die aufhorchen ließen. Er tat Wunder. Die Evangelien erzählen an wenigen, besonderen Stellen, dass Gott sich ausdrücklich Jesus zuwandte und sich zu ihm bekannte.

„Zwei aus drei"
→ Projekt für vier Gruppen (A bis D)

Jede Gruppe darf einen der Texte als zu schwer ablehnen.

Ihr braucht ein Neues Testament. Setzt euch im Kreis zusammen, so dass ihr einander gut sehen und hören könnt. Die drei Texte werden jeweils laut gelesen, und zwar so, dass reihum jeder und jede einen Vers laut liest. Nach jedem gelesenen Text werden Aufgaben gelöst:

A. MATTHÄUS

Kapitel 3, Verse 13–17
Kapitel 12, Verse 15–21
Kapitel 14, Verse 13–21

B. MARKUS

Kapitel 1, Verse 9–11
Kapitel 6, Verse 30–44
Kapitel 9, Verse 2–8

C. LUKAS

Kapitel 2, Verse 41–52
Kapitel 3, Verse 21 und 22
Kapitel 9, Verse 10–17

D. JOHANNES

Kapitel 1, Verse 29–34
Kapitel 6, Verse 1–13
Kapitel 11, Verse 32–45

Festhalten:
Was habt ihr gehört? Macht euch Stichworte, erzählt nach.

Klären:
Was habt ihr nicht verstanden?
Sprecht darüber, lest noch einmal.

Verbinden:
Welches Bild der „Kreuzung A" passt am besten zu dem Text?

Gestalten:
Bereitet euch darauf vor, den anderen Gruppen anhand des gewählten Bildes und des gelesenen Textes etwas darüber zu erzählen, wie Gott und Jesus zueinander stehen.

3 Vertragen

Riko:	Komm, wir fragen ...
Erkan:	Frag du.
Riko:	Nein, du.
Erkan:	Ist mir zu blöd.
Riko:	Aber es ist doch *deine* Frage.
Erkan:	Und *deine* Bananenschale!
Lisa:	Frau Müller, die beiden hier streiten sich, ob diese Schule den Müll trennt ...

Im dritten Schritt wird klar:
Wenn zwei sich streiten,
hilft ein Dritter.

Im dritten Schritt lernst du,
was Frieden schafft –
und wem das ein für alle Mal gelang!

Was wir machen

Betrachten:
Beschreibe die Gruppe auf dem Bild. Stelle sie nach – mit Papierkugeln, Spielfiguren oder Stiftkappen. Vergleiche mit der Aufstellung deiner Tischgruppe.

Gestalten:
Wie nennst du die Gruppe? Erzähle dazu eine Geschichte. Oder: Zeichne sie nach und versieh die Gestalten mit Sprechblasen. Fülle sie aus.

Deuten:
Was tut ein „Vermittler"? Welche Eigenschaften muss er haben – macht eine Liste.

Der Künstler nennt diese Figuren „Vermittler".
Die Aufstellung nennt er „Insider".

Einspruch erheben

Im Pausenhof. Eine Gruppe von sechs.
Von außen nähert sich ein Siebter.

1. Oh nein! Guck mal, wer da kommt!
2. Was will der denn hier?
3. He, hast du dich verlaufen?
4. Mach, dass du wegkommst!
5. Das ist unser Platz, klar?
6. Hau ab!

Der Siebte geht weg.

- *Meint ihr nicht, dass das zu hart war?*

- Spinnst du?
- Kommen dir die Tränen?

- *Ich glaube, er ist ziemlich viel allein.*

- Geschieht ihm recht!
- Wie der immer rumläuft ...

- *Er hat kein Geld für neue Klamotten.*

- Wir sind doch nicht das Sozialamt!
- Hat er halt Pech.
- Was geht denn uns das an?
- Außerdem: Wir können ihn hier nicht brauchen.

- *Aber stören würde er auch nicht.*

- Mich schon.
- Kannst ja zu ihm gehen, wenn du willst.

Was wir machen

Spielen:
Verteilt die Rollen und spielt die Szene mehrfach durch. In Teil 2 müsst ihr vorab entscheiden, wer was sagt.

Bedenken:
Einer setzt sich in die Mitte; er stellt den „Siebten" dar. Leiht ihm eure Stimme. Das geht so: Einer oder eine tritt zu ihm, legt ihm die Hand auf die Schulter und sagt, was er wohl denkt oder fühlt oder sagen möchte.

Klären:
Die schräg gedruckten Sätze – angenommen Lisa spricht sie: Was will sie? Was riskiert sie?

Übernehmen

Was wir machen

Einrichten:
Benennt die Zimmer und die fünf Personen.
Legt fest, wo das Telefon steht.

Probieren:
Überlegt euch zu zweit:
Wo sind die Personen, als es läutet?
Was geschieht? Wie viele laufen hin?

Streiten:
Inszeniert zweimal Streit:
Einmal geht keiner – einmal gehen alle.

Sammeln:
Gibt es Aufgaben im Haushalt, um die es Streit gibt?

Gestalten:
Gestalte eine Dankeschön-Karte für einen, der freiwillig sagt:
„Ich mach's" – „Ich mach's für dich".

Dies ist der Grundriss von Milenas Traumhaus.
Angenommen das Telefon (Festnetz) läutet. Fünf Personen sind zu Hause und hören es läuten …

Sich etwas einfallen lassen

König Salomo erzählt ...

Da kamen zwei Frauen zu mir. Sie hatten beide ein Kind geboren. In der Nacht, als sie schliefen, im selben Raum – mit ihnen ihre Kleinen – da ist, unversehens und unbemerkt, das eine der beiden gestorben. Nicht meines, riefen die Frauen.

Sie hat die Kinder vertauscht!, sagte jede der Mütter und wies auf die andre. Heimlich, und ich hab geschlafen. Herr, schaffe mir Recht, sagte jede der Frauen. Oder willst du die andre für ihren Diebstahl auch noch belohnen?

Sie weinten auch beide und beide waren gewiss sehr verzweifelt. Sie taten mir leid. Und trotzdem: Eine von ihnen musste ja lügen. Bringt mir ein Schwert, sagte ich und ein Diener eilte und brachte es mir. Gut, sagte ich. Hört, was ich tue.

Weil jede von euch sagt: Das Kind ist mein – wohlan, wir teilen es durch. So hat jede die Hälfte von ihrem Recht. Das ist ohne Zweifel gerecht. Ja, sagte die eine. So soll es sein. Das ist ein sehr weises Urteil. Die andere aber kniete vor mir.

Herr!, rief sie weinend. Das darfst du nicht tun. Lass doch das Kindchen leben. Sie soll es nehmen und gut bewahren. Dass diesem Kleinen nur ja nichts geschieht! Da hob ich sie auf und gab ihr das Kind. Ich war mir gewiss: Sie ist die Mutter.

Martina Steinkühler

Was wir machen

Klären:
Die biblische Geschichte (1 Könige 3,16–28) ist als Salomonisches Urteil bekannt geworden. Besprecht zu zweit, was das ist, indem ihr das Besondere eines solchen Urteils beschreibt.

Klären

– „Ich."

– „Nein, ich!"

– „Mich hat er lieber!"

– „Nein, mich!"

– „Mich hat er lieber. Ich bin klüger!"

– „Mich hat er lieber. Ich bin älter."

– „Ich bin viel wichtiger als du! Ich bin stärker."

– „Wenn er mich braucht, dann bin ich da."

Die Freunde, die mit Jesus auf dem Weg sind, haben sich gezankt. Jesus fragt: „Was war denn los?" Sie schweigen. Aber Jesus geht der Sache auf den Grund.

„Ach, wisst ihr", sagt er schließlich. „Es kommt doch nicht auf Stärke an. Es kommt auch nicht auf Klugheit an. Es kommt nicht darauf an, wie nützlich ihr euch macht. Es kommt auf etwas anderes an ..."

Nach Matthäus 20,20–28

Was wir machen

Lesen:
Acht Freiwillige lesen die acht Punkte – laut und wütend.

Reden:
Die Zuhörenden beschreiben, was sie gehört haben. Worum geht es?

Füllen:
Warum schweigen die Freunde, als Jesus sie fragt?

Bedenken:
Wenn es nicht auf Stärke, Klugheit, Leistung ankommt – worauf dann? Was meinst du? Was meint Jesus?

Dazwischentreten

Es ist leicht, Steine zu werfen,
Steine auf andere,
die anders sind,
auf die,
die einen Fehler gemacht haben,
die das Pech haben,
dass sie erwischt worden sind.

Es ist leicht, Steine zu werfen.
Aber einmal saß einer dabei
und sagte:

„Wer unter euch ohne Sünde ist,
der werfe den ersten Stein auf sie."

Da ließen sie alle die Steine fallen
und machten sich dünn.

Was wir machen

Suchen:
Der Satz vom ersten Stein steht im Johannes-Evangelium im 8. Kapitel. Kläre, wer spricht, und beschreibe die Wirkung.

Füllen:
Denkt euch eine eigene Geschichte zum Satz vom ersten Stein aus – von einem, der erwischt worden ist, und einem, der nicht mitmacht beim Petzen oder beim Bestrafen.

Gestalten:
Lest die Geschichte von Jesus und der Ehebrecherin. Malt auf ein Blatt eine zusammengekauerte Gestalt. Zeichnet fünf Denkblasen. Schreibt hinein, was sie denkt:
1) bevor Jesus gefragt wird;
2) als Jesus nicht antwortet;
3) als Jesus den Satz vom ersten Stein sagt;
4) als sie mit Jesus allein bleibt;
5) als Jesus sie wegschickt.

Brücke sein

Was wir machen

Betrachten:
Beschreibe die Schauplätze: Wie sieht es links aus, wie rechts und wie in der Mitte? Mach eine Skizze.

Füllen:
Lass den Hirten (auch die Schafe?) denken oder sprechen ...

Klären:
Was tut ein Hirte?
Was tut *dieser* Hirte?

Diskutieren:
Was hat er davon?

Den Frieden wachsen lassen

Da sprach Jesus wieder zu ihnen: Ich bin der gute Hirte. Der gute Hirte lässt sein Leben für die Schafe.

Johannes 10,7+11

Was wir machen

Sehen:
Beachte die Farbe und die Gesichter der Schafe – welche Stimmung vermittelt das Bild?

Deuten:
Sprecht über den Zusammenhang von Comic, Bild und Spruch Jesu. Besucht ✣ Jesus.
Tragt zusammen: Was hat Jesus für die Menschen getan?

Diskutieren:
Wer will schon gern ein Schaf sein? –Teilt die Klasse in zwei Hälften. Die einen protestieren: „Schafe sind blöd, weil …" Die anderen träumen: „Schafe haben es gut, weil …"

Gestalten:
Einmal ganz abgesehen von den Schafen: Gestalte ein Poster: „So fühle ich mich gut aufgehoben."

Sich einsetzen

O Herr, mach mich zum Werkzeug
deines Friedens,

dass ich Liebe übe, wo man sich hasst,
dass ich verzeihe, wo man sich beleidigt,
dass ich verbinde, da, wo Streit ist,
dass ich die Wahrheit sage,
wo der Irrtum herrscht,
dass ich den Glauben bringe,
wo der Zweifel drückt,
dass ich die Hoffnung wecke,
wo Verzweiflung quält,
dass ich ein Licht anzünde,
wo die Finsternis regiert,
dass ich Freude mache,
wo der Kummer wohnt.

Was wir machen

Lesen:
Lest den Text – rechts und links im Wechsel.

Klären:
Wer spricht mit wem?
Vergleiche mit Psalm.
Welche Anrede würdest du vorziehen?

Losen:
Jeder schreibt einen Halbsatz auf einen Zettel. Die Zettel werden verlost. Jeder sucht seinen Partner – den, der den jeweils passenden Rest des Satzes hat. Sprecht über euren Satz und bereitet euch darauf vor, ihn der Klasse zu erklären.

Gestalten:
Entwickelt aus den Gedanken des Textes einen „Vertrag zum friedlichen Umgang" für eure Gruppe.
Vergleicht dazu auch die Überschriften der einzelnen Seiten von Schritt 3: Vertragen.

4 Arbeit und Ruhe gehören zusammen

Lisa im Freibad; winkt einem Jungen:

Lisa: He, Riko – wir sind in derselben Klasse!
Riko: Lisa?
Lisa: Na endlich ...
Riko: Du siehst anders aus.
Lisa: Na ja, im Bikini ...
Riko: Das mein ich nicht.
Du siehst aus wie ... Sonntag.

Im vierten Schritt wird klar:
Pausen tun gut.

Im vierten Schritt kannst du lernen,
ohne Uhr die Zeit zu messen –
und was es mit dem Sonntag
auf sich hat.

Alltag und Sonntag vor 100 Jahren

Alltag –
zum Beispiel von morgens bis abends
am Waschbottich stehen

Sonntag –
zum Beispiel einen Spaziergang machen

Was wir machen

Deuten:
Was verraten die Bilder über „Sonntag" und „Alltag" damals?
Schlüpfe in die Rolle der Frau am Waschbottich: Während sie wäscht und wäscht und wäscht, träumt sie vom Sonntag …

Alltag und Wochenende heute

„Gott sei Dank, es ist Freitag ...!“

„Schönes Wochenende!“

**„Noch drei Stunden,
dann ist Wochenende!“**

Im Grundgesetz der Bundesrepublik Deutschland heißt es:

Der Sonntag und die staatlich anerkannten Feiertage bleiben als Tage der Arbeitsruhe und der seelischen Erbauung gesetzlich geschützt.

*Ich schalte ab.
Genug gehört.
Mehr als genug.
Der Wirbel um das
Wochenende geht
bei mir ins Leere.*

Was wir machen

Sammeln:
Radio und Umwelt machen freitags Stimmung:
Da kommt was auf euch zu, zwei freie Tage, action, fun, rumhängen ...? Erzählt von euren Wochenenden, sammelt und ordnet die Ergebnisse.

Gestalten:
Entwickelt einen Fragebogen: „Mein Wochenende“ – macht Interviews, zum Beispiel auf dem Schulhof.

Auswerten:
Vergleicht die Fragebogen-Ergebnisse. Fertigt ein Gutachten an: „Wozu dient das Wochenende?“ – Mit Kommentar.

Deuten:
Sieh die Texte oben genau an: Du findest Hinweise auf den Grund und den ursprünglichen Sinn des freien Wochenendes.
Besuche Sonntag.

Arbeit und Sinn

Ich sage nur:
Wer nicht arbeitet, soll auch nicht essen.

Der Mensch lebt nicht vom Brot allein.

Der Junge macht doch keinen Finger krumm!

Der Junge sagt immer: „Arbeit ja – aber nur, wenn sie Spaß macht!“

Man muss sich heutzutage freuen, wenn man *irgendeine* Arbeit findet.

Ich sage immer: Im Schweiße deines Angesichts sollst du dein Brot essen!

Denk doch an den Nachbarn:
Immer nur gearbeitet – und wofür?

Was wir machen

Deuten:
Ordnet die Gesprächsfetzen zu einem Dialog über Arbeit. Welche Positionen werden vertreten, welche Vorstellungen stehen gegeneinander?

Klären:
In der Bibel wird die Mühsal des Lebens als Folge des Strebens nach Selbstständigkeit beschrieben (1 Mose 3) – überlege für dich: Wie wird das sein, wenn du einmal von zu Hause ausziehst? Was musst du dann selbst machen? Wie ändert sich deine Einstellung?

Werten:
Diskutiert den Satz: „Die Arbeit ist für den Menschen da, nicht der Mensch für die Arbeit."

Mensch
Ernte
Spaß
Taler
Freude

Arbeit und Lohn

Jesus erzählte folgendes Gleichnis:
Da war ein Mann, der hatte einen Weinberg
und suchte Helfer für die Ernte.

Am Morgen fand er Männer auf dem Markt.
„Kommt, helft mir bei der Ernte", bat er sie.
„Ich zahle einen Taler."
Sie freuten sich und gingen mit.

Um Mittag fand er wieder Männer auf dem Markt.
„Kommt, helft mir bei der Ernte", sagte er.
„Ich zahle, was ihr braucht."
Sie freuten sich und gingen mit.

Am Abend, kurz bevor es dunkel wurde, standen noch immer Männer auf dem Markt. „Kommt mit und helft", sprach sie der Herr des Weinbergs an. „Ich zahle, was ihr braucht." Sie freuten sich und gingen mit.

Und als es dunkel wurde, beendete der Herr die Arbeit und zahlte seinen Helfern Lohn. Und jeder von ihnen bekam einen Taler ...

Nach Matthäus 20,1–16

Was wir machen

Bewerten:
Erörtert die Frage, ob der Lohn gerecht ist. Was sagen die Ersten, was sagen die Letzten? Was sagt einer, der nur zuguckt?

Doppeln:
Eine sitzt in der Mitte, in der Rolle eines der zuletzt eingestellten Arbeiter. Tretet zu ihr, legt ihr die Hand auf die Schulter und legt ihr Worte in den Mund: Wie hat sie sich gefühlt, bevor sie eingestellt wurde? Beim Arbeiten? Als sie den Taler bekam?

Klären:
Jesus hat diese Geschichte als Gleichnis erzählt. Besuche ⁂ Gleichnis: Inwiefern zeigt Jesus hier Gottes heile Welt?

Bedenken:
Jesus hat diese Geschichte als Antwort erzählt. Formuliere eine passende Frage.

Ruhe!

Was wir machen

Verbinden:
Ruhe mit Gewalt:
Wo findest du sie im Bild, wo in den Texten?
Was ist daran auszusetzen?

Klären:
Schreib in deinen Ordner, was Jesus über den Sabbat gesagt hat. Schreib darum herum, was dir dazu einfällt. Vergleiche mit anderen.

Mittagsruhe

„Wisst ihr, was meine Oma erzählt hat?", sagt Riko. „Als kleines Kind ging sie in einen Kindergarten. Da blieben die Kinder bis nachmittags. Sie bekamen dort Mittagessen und anschließend gab es Mittagsruhe. Da mussten alle Kinder schlafen. Jetzt kommt's: Wenn ein Kind nicht schlief, gab's was auf die Finger!"

Sabbatruhe

„Zur Zeit Jesu gab es strenge Regeln für die Ruhe am Sabbat", sagt Lisa. „Du durftest nicht rennen, kein frisches Brot backen, keinen Knoten lösen. Als Jesus einmal am Sabbat eine kranke Hand geheilt hat, hat er großen Ärger bekommen." – „Dann fand er diese Sabbatregeln wohl falsch?", vermutet Riko. „Keineswegs", sagt Lisa. „Ich glaube, er hat gesagt: Der Sabbat ist für die Menschen gemacht. Aber nicht der Mensch für den Sabbat."

Stille

Wenn ich mal richtig Ruhe brauche, gehe ich in die Kirche.
Nicht zum Gottesdienst, also, ich meine: nicht zum Hören.
Na, vielleicht doch zum Hören, ja, zum Hören auf mich selbst.
Einmal, im Urlaub ..., also dieses runde Glasfenster da,
das werde ich nie vergessen.
Ich weiß noch, wie kühl es da drinnen war und halb dunkel.
Das Licht war blau und rot und ... ruhig.

Katrin, 15

Was wir machen

Reden:
Wie kommst du zur Ruhe? Erzähle davon.

Probieren:
Besuche Kirchenräume – vielleicht eine große Stadtkirche und eine kleine Dorfkirche – und suche einen Platz, an dem du zur Ruhe kommst.

Gestalten:
Gestaltet ein Poster mit euren Regeln zur Ruhe.

Haltepunkt

Was wir machen

Lesen:
Ein altes Kirchenlied (von 1671) und dazu passend eine besondere Schrift: Übt lesen, lasst euch dabei Zeit.

Klären:
Das Lied gibt zwei Erklärungen für die Bedeutung des Sonntags. Welche sind es? Wenn du unsicher bist, besuche noch einmal ⁂ Sonntag.

Gestalten:
„Du sollst den Feiertag heiligen" – macht aus dem vierten Gebot einen Song, einen Rap oder ein Gedicht. Tragt einander die Ergebnisse vor.

Gott Lob, der Sonntag kommt herbei,
die Woche wird nun wieder neu.
Heut hat mein Gott das Licht gemacht,
mein Heil hat mir das Leben wiederbracht.
Halleluja.

Das ist der Tag, da Jesus Christ
vom Tod für mich erstanden ist
und schenkt mir die Gerechtigkeit,
Trost, Leben, Heil und Seligkeit.
Halleluja.

Übrigens:

„Unser Ruhetag, also der Ruhetag der Muslime, ist der Freitag!"

5 Schale und Kern

Lisa (kommt in die Klasse):
Fröhliche Weihnachten!
Erkan: Lisa, wir haben Ende August!
Lisa: Was du nicht sagst!
Erkan: Muss ein Muslim dir sagen, dass Weihnachten im Winter ist?
Lisa: *Mir nicht.* Aber sag es mal den Leuten vom Supermarkt. Die haben jetzt ein Regal mit Lebkuchenherzen und Zimtsternen aufgebaut – gleich neben der Kasse.

Im fünften Schritt wird klar:
Weihnachten ist sozusagen
dick in Geschenkpapier verpackt.

Im fünften Schritt lernst du,
das Päckchen auszupacken,
und findest, was darin ist.

Innen und außen

Nuss,
du bist mir
auf den Kopf gefallen,
an einem windigen
Sommertag.
Ich hab dich aufgehoben
und hab dich nicht erkannt.
Grüne Schale?
Eine Walnuss?

Und wenn die grüne Schale ab ist –
wo endlich ist dein Kern?

Was wir machen

Klären:
Warum haben Früchte eine Schale? Was unterscheidet Schale und Kern? – Tragt Beispiele zusammen, gestaltet evtl. eine Collage.

Deuten:
„Harte Schale – weicher Kern"; „Du hast dich in Schale geworfen": Redensarten, die beim Menschen Schale und Kern unterscheiden. Erkläre sie, gib ein Beispiel, was gemeint ist.

Schreiben:
Dichte den Text oben um, so als ob da ein Mensch einem Menschen begegnet.

Weihnachten – Schale

Das ist eine Weihnachtskarte – woran kann ich das erkennen?

Was wir machen

Raten:
Welches Weihnachtslied fällt dir als Erstes ein? Summe es – die anderen sollen raten. An der Tafel entsteht eine Hitliste.

Klären:
Was ist Weihnachten:
a) auf der Grußkarte?
b) in eurem Weihnachts-Hit?

Füllen:
Viele Speisen und „Zutaten" gehören bei uns zum Weihnachtsfest –wie eine Schale. Schreib auf einen Papierstreifen, was deiner Meinung nach der Kern von Weihnachten ist.

Gestalten:
Knacke Walnüsse so, dass die Schalen ganz bleiben – leg deinen Papierstreifen hinein. Klebe die Nuss wieder zu und verschenke sie bzw. tausche sie mit einer Klassenkameradin/ einem -kameraden.

Weihnachten – Kern

Antalya, am 26. Dezember

Liebe Lisa,

du weißt, dass ich gern verreise. Aber Weihnachten - so weit weg von zu Hause? Da war's mir doch etwas mulmig.

Ich war mir nicht sicher, ob ich auf alles verzichten wollte, was zu Weihnachten dazugehört: Kälte und Dunkelheit und die Mandelplätzchen, Weihnachtsbäume und Engelchen aus dem Erzgebirge ...

Tja, und da saß ich dann unter Palmen, im T-Shirt, stell dir das vor, trank eiskalten Orangensaft und wartete auf die Weihnachtsstimmung. Schließlich habe ich im Radio einen deutschen Sender gesucht - und hörte, wie einer vorlas:

> *„Fürchtet euch nicht! Siehe, ich verkündige euch große Freude, die allem Volk widerfahren wird; denn euch ist heute der Heiland geboren, welcher ist Christus, der Herr, in der Stadt Davids."*

Du, Lisa: Da war's Weihnachten! Ich weiß jetzt: Das Wichtigste an Weihnachten ist nicht der Schnee. Nein, das steckt ganz woanders.

Alles Liebe. Deine Omi

Was wir machen

Klären:
Lukas 2,1-20 ist die Weihnachtsgeschichte, die am Heiligen Abend in allen Kirchen vorgelesen wird. Besorgt euch den Text, sucht die Stelle, die Lisas Oma so gut getan hat. Wer spricht da und was wird verkündet? – Sagt es in eigenen Worten.

Deuten:
Heiland – einer, der heil-ig ist, einer, der heilt: Such dir eine Figur aus den folgenden aus, zeichne sie und schreib in eine Denkblase, was für eine Heilung er oder sie erhoffen mag.

Hirt – arme Frau – Bettler – König – Junge – Kranker – Mann mit Stock – du ...

Weihnachten – herausgeschält

Macht hoch die Tür, die Tor macht weit,
es kommt der Herr der Herrlichkeit,
ein König aller Königreich,
ein Heiland aller Welt zugleich ... (Nr. 1)

Er ist die rechte Freudensonn, ...,
all unsre Not zum End er bringt ... (Nr. 2)

Gottes Sohn ist Mensch geborn (Nr. 29)

Christus ist geboren! (Nr. 36)

Es ist ein Ros' entsprungen,
aus einer Wurzel zart ... (Nr. 30)

Was wir machen

Sehen:
Vergleiche die Krippendarstellung mit der Weihnachtsgeschichte des Lukas: Was sagen und denken die Figuren?

Suchen:
Im Evangelischen Gesangbuch sind Advents- und Weihnachtslieder gesammelt, die den Kern von Weihnachten besingen – dabei geht es meistens um das Kind in der Krippe. Seht euch die oben abgedruckten Verse an, besser noch: besorgt euch Gesangbücher und blättert selbst (Nummern 1–57): Wie wird das Kind genannt?
Was wird von ihm erwartet?
Wer ist dieses Kind?

Zum Knacken

Ein weiser Mann,
ein reicher Mann,
ein wichtiger –
kniet,
kniet,
und du weißt auch,
wo.
In einem Stall,
vor einer
Krippe.
Ist der,
der da liegt,
denn größer
als er?

Was wir machen

Deuten:
Worauf macht der Text neben dem Bild aufmerksam? Erkläre und nimm Stellung.

Gestalten:
Hier die Welt der Hirten – dort die Welt der „Könige" – dazwischen die Krippe: Das ist euer Stoff; gestaltet daraus eine Weihnachtsgeschichte, z.B. als Poster, als Collage, in Gedichten, Texten, als Standbild oder Rollenspiel.

Suchen:
In beide Krippenszenen (S. 57 und S. 58) ist ein Zeichen eingebaut, das nicht hineinzupassen scheint. Findet es und überlegt gemeinsam, was es mit dem Kind in der Krippe zu tun hat.

Lukas erzählt die Weihnachtsgeschichte mit Hirten – Matthäus mit Weisen aus dem Morgenland; wir sagen heute: Heilige Drei Könige (Matthäus 2,1-12).

Christkind – Schale und Kern

So merket nun das Zeichen recht:
die Krippe, Windelein so schlecht,
da findet ihr das Kind gelegt,
das alle Welt erhält und trägt.

Was wir machen

Klären:
Auch das Lied „Vom Himmel hoch“ steht im Gesangbuch der Kirche. Finde heraus: Wer hat den Text geschrieben? Wann war das? Wie viele Strophen hat das Lied? Wie viele hast du schon gesungen? Zur ersten Strophe: Wer ist „ich“? Was ist die „gute Mär“?

Bedenken:
Lies die fünfte Strophe des Liedes „Vom Himmel hoch“ (links abgedruckt): Auch das Christkind hat so etwas wie „Schale“ und „Kern“ ...

Deuten:
Nur zwei der vier Evangelisten erzählen vom Kind in der Krippe. Warum ist es den beiden Evangelisten so wichtig, vom Heiland „Kindergeschichten“ zu erzählen? Weihnachten hilft euch beim Deuten.

Lieber Gott

Du schenkst uns das Zeichen der Krippe
damit unser Herz sich öffnet
und deinen großen Verheißungen vertraut:

dass der Himmel ganz nah ist;
dass der Friede immer von Neuem wächst;
dass deine Liebe auch künftig
die Quelle des Lebens bleibt.

Sende solch ein Zeichen deiner Gegenwart
in dieser Nacht und in allen Nächten
überall dorthin, wo Menschen keinen Raum haben
für ihre Kinder
und für ihre Hoffnungen:

in Flüchtlingslager und geheime Gefängnisse;
zu unseren Nachbarinnen und Nachbarn,
die täglich ihre Armut spüren;

zu

zu

Sprich zu ihnen, so klar und deutlich
wie zu den Hirten,
damit ihre Herzen empfänglich werden
für die Zeichen deiner Liebe
und lass unsere Herzen nicht leer ausgehen.

Brot für die Welt

Was wir machen

Lesen:
Klärt: Was für ein Text ist das – woran merkt man das – an wen ist er gerichtet – mit welcher Absicht?

Füllen:
Der Text hat „leere Stellen" – ergänzt in einem stummen Schreibgespräch zu zweit oder viert.

Die Krippe stammt von den Touareg-Nomaden aus der Oase Iferouane im Niger

Herr, lass uns Deine Liebe begreifen,
lass uns Verbindung halten mit den Brüdern,
ob schwarz, weiß, rot oder gelb.
Mache aus der Welt einen Korb der Farben
in Deiner mächtigen Hand
und lass Frieden sein in diesem Korb.

Jugendgebet aus Afrika

Wir wünschen Ihnen gesegnete Weihnachten.

Brot für die Welt
Ein Stück Gerechtigkeit

Was wir machen

Deuten:
Zu Weihnachten sind viele Menschen bereit, Hilfsorganisationen zu unterstützen. Sie besuchen Gottesdienste und denken an Verwandte und Bekannte, für die sie sonst nie Zeit haben. Woran mag das liegen?

Gestalten:
Besuche Brot für die Welt. Beschaffe dir weitere Informationen, z.B. über das Internet (www.brot-fuer-die-welt.de). Suche dir ein Projekt aus, das du besonders spannend findest, und stelle es der Klasse vor.

Wer von diesem Wasser trinkt, wird wieder dürsten.

Sprich nur ein Wort, so wird mein Knecht gesund.

Kreuzung B: Jesus und seine Umwelt

Das Land, aus dem Jesus kam, ist ein Land der Gegensätze: Wüste und Wasser, Hitze und Kälte, Berge und Ebene. Das Land ist lang und schmal. Mitten hindurch fließt der Jordan. Im Norden ist der See Genezareth, im Süden das Tote Meer. Die meisten Menschen lebten in Ortschaften, die wir heute Dörfer nennen würden. Die Bibel nennt sie Städte. Die Dörfer waren von Mauern umgeben. Die Menschen bauten Getreide, Gemüse und Obst an, sie züchteten Vieh oder lebten vom Fischfang. Die Hauptstadt war Jerusalem. Das Sagen aber hatte der Kaiser in Rom, der Beamte und Soldaten entsandte.

„Wo, wie, was?"
→ Rallye mit vier Stationen

Die vier Stationen bestehen aus je zwei zusammengeschobenen Tischen, die als Ausstellungsfläche dienen.

Ihr braucht: Je ein Neues Testament, einen Atlas, Prospekte aus dem Reisebüro mit dem Reiseland „Israel" oder Naher Osten; z.B. „Biblisch Reisen". Asterixhefte. Pappe, Stifte, Schere, Wolle, Klebstoff. Jede Gruppe gestaltet eine Station. Dabei zeigt sie, was sie erarbeitet hat, und stellt eine Aufgabe.

A. JESUS IM DORF

Ortsschilder schreiben: Mt 2,1; Mk 8,22, Joh 2,1; Lk 24,13

Häuser basteln: Würfel aus Pappe

Ein Dorf aufbauen: Grundfläche, Mauer, in der Mitte der Brunnen

Spielszene „Am Brunnen" vorbereiten

Vorspielen – die Besucher der Station machen Hintergrundgeräusche.

B. JESUS AM SEE

Markus 5 lesen: Plakat „Fischfang auf dem See" gestalten

Schiffe basteln; auf einem blauen „See" ausstellen

Ein Netz knüpfen; vielleicht Menschen aus Prospekten ausschneiden, hineinhängen

Die Besucher der Station knüpfen und füllen das Netz weiter

C. RÖMER

Lukas 7,1–10 lesen: Als Zeitungsmeldung für die erste Seite aufbereiten

Asterixhefte sichten: ein römisches Lager gestalten

Stille-Post-Spiel vorbereiten: Kleine Aufträge notieren. Die Besucher der Station bilden eine Kette, der Erste liest und gibt den Auftrag flüsternd weiter; der Letzte soll ihn ausführen.

D. AM TEMPEL

Matthäus 21,1–11 lesen: Plakat mit Willkommensgrüßen gestalten

Matthäus 21,12–15 lesen: Interview mit Jesus vorbereiten „Warum hast du das gemacht?"

Interview vorspielen; die Besucher befragen: „Was gehört an einen Ort der Andacht, was nicht?"

6 Eier – Lebenszeichen

Riko (murmelt vor sich hin):
Das wär'n Ding ... Korb auf dem Rücken.
Erkan (zu Lisa): Was hat er?
Lisa (zieht die Schultern hoch): Spinnt?
Riko: ... lange Zähne ... Schnurrhaare (lacht).
Aber das Beste ... wären die Ohren!
Lisa: Der redet vom Osterhasen!
Erkan: Sag nicht: Du glaubst noch an den Osterhasen!
Riko (bemerkt endlich, dass er nicht allein ist):
Quatsch. Ich mal mir nur aus ...
Zu Weihnachten verkleidet unser Vater sich immer als Weihnachtsmann. Wegen meiner kleinen Schwester. Da denk ich: Es wäre doch nett, wenn er zu Ostern mal als Hase käme ...

Im sechsten Schritt wird klar:
Ostern ist kein Fest für Hasen.

Im sechsten Schritt
lernst du die Hoffnung kennen,
dass Leben stärker ist als Tod –
und den, der dafür einsteht.

Geschlüpft

Im Ernst:
Zu Weihnachten kommt das Christkind –
und wir kriegen Geschenke.
Zu Ostern kommt der Hase –
und wir kriegen Eier ...
Kriegt ihr das irgendwie zusammen?

Hasen hoppeln über Frühlingswiesen.
Ostern ist im Frühling.
Die Natur erwacht zu neuem Leben.
Naja, und Eier haben irgendwie mit neuem Leben zu tun, oder?

„Irgendwie neues Leben?"

Was wir machen

Klären:
Hat Lisa Recht? Fragt auch andere nach Ostern, Hasen und Eiern. Auch das Internet kann helfen.

Schreiben:
Was denkt das Küken bei seinem Versuch zu schlüpfen? (... wenn es gern heraus will? ... wenn es noch bleiben will?)

Aufgetaut

Vom Eise befreit sind Strom und Bäche
durch des Frühlings holden belebenden Blick,
im Tale grünet Hoffnungsglück;
der alte Winter, in seiner Schwäche,
zog sich in rauhe Berge zurück.

Von dort her sendet er, fliehend, nur
ohnmächtige Schauer körnigen Eises
in Streifen über die grünende Flur.
Aber die Sonne duldet kein Weißes,
überall regt sich Bildung und Streben,
alles will sie mit Farben beleben;
doch an Blumen fehlt's im Revier,
sie nimmt geputzte Menschen dafür.

Kehre dich um, von diesen Höhen
nach der Stadt zurückzusehen!
Aus dem hohlen, finstern Tor
dringt ein buntes Gewimmel hervor.
Jeder sonnt sich heute so gern.
Sie feiern die Auferstehung des Herrn,
denn sie sind selber auferstanden.

Johann Wolfgang von Goethe

Was wir machen

Verdichten:
Bildet vier Gruppen. Jede Gruppe schreibt in eine Ecke der Tafel Wörter aus dem Text, die sie besonders wichtig findet. Überlegt dann gemeinsam, was in der Mitte der Tafel stehen könnte. Diskutiert verschiedene Vorschläge.

Klären:
Das Gedicht heißt: „Osterspaziergang" – aber das Wort „Ostern" kommt gar nicht vor. Findet ihr trotzdem Spuren von Ostern? Besucht ✠ Ostern.

Auferstanden

Gekreuzigt, gestorben und begraben –
so geschah es Jesus Christus.
Christen glauben: Das war nicht alles.

Es heißt, dass das Grab Jesu am dritten Tag leer war.
Der große Stein vor der Grabhöhle war weggewälzt.
Es heißt, dass ein Engel im Eingang der Höhle saß.
Er rief den Frauen, die den Toten suchten, zu:
Was sucht ihr Jesus bei den Toten?
Er lebt. Er ist nicht hier.

Nach Markus 16,1–8

Was wir machen

Fragen:
Es gibt denkbare Erklärungen für das leere Grab. Sammelt sie.

Tauschen:
Stell dir vor, dir wäre am Grab der Engel begegnet – so gewiss, dass du nicht zweifeln kannst: Wie fühlst du dich? Was tust du?

Schreiben:
Schreib eine Geschichte mit dem Titel: „Mir ist ein Stein vom Herzen gefallen" oder „Da fühlte ich mich wie neugeboren".

Neu belebt

Die Jünger saßen zusammen. Die frohe Kunde von der Auferstehung hatten sie überhaupt nicht verstanden. Das leere Grab war nur ein weiterer Schmerz. Sie trauerten und sie fürchteten sich. „Sind wir die Nächsten? Müssen wir sterben, weil wir Jesu Jünger waren?"

Auf einmal steht Jesus in ihrer Mitte. „Friede sei mit euch", sagt er. Sie dürfen ihn ansehen und anfassen, sie spüren die Wunden von der Kreuzigung. Wie sind sie froh! Er ist wieder da! „Ist jetzt alles wieder wie immer?", fragen sie eifrig. Aber Jesus sagt...

Nach Johannes 20,19–22

Friede sei mit euch.
Wie mich der Vater gesandt hat,
so sende ich euch.

Johannes 20,21

Was wir machen

Füllen:
Erzähle ausführlicher: Wie fühlen sich die Jünger? Weshalb trauern sie? Was fürchten sie? Was verändert sich „auf einmal"?

Probieren:
Stellt den Umschwung pantomimisch dar. Probt eine weitere Szene: Wie verhalten sich die Jünger vor und nach Jesu Antwort?

Klären:
Der Evangelist Johannes erzählt diese Geschichte zu einer Zeit, als niemand mehr auf Jesus-Erscheinungen hofft. Er verpackt darin eine Lehre für die Gemeinde – welche?

Wie dunkle Nacht ...

Jesus stirbt

Im Markusevangelium (Mk 15,33f.) heißt es:

Und zur sechsten Stunde
kam eine Finsternis über das ganze
Land bis zur neunten Stunde.
Und zur neunten Stunde rief Jesus laut:
Mein Gott, mein Gott,
warum hast du mich verlassen?

Osternacht in der Kirche

Draußen ist es dunkel. Kerzen brennen.
Die Pfarrerin liest aus dem Markusevangelium:

Jesus stirbt.
Mit einem lauten Knall wird die dicke Bibel zugeschlagen.
Der Schmuck vom Altar wird hinausgetragen.
Die Kerzen werden ausgelöscht. Es ist totenstill.

Was wir machen

Klären:
Die Osternacht macht es deutlich – das Leben scheint zu Ende zu sein. Recherchiert weitere Bräuche, die schon vor der Osternacht darauf einstimmen, dass etwas sehr Schlimmes bevorsteht.

… und heller Tag

Jesus lebt

Im Johannesevangelium heißt es (Joh 16,22):

Ich will euch wiedersehen,
und euer Herz soll sich
freuen, und eure Freude
soll niemand von euch nehmen.

Osternacht in der Kirche

Mitten in die Dunkelheit und Totenstille hinein erklingt der Ruf:

„Der Herr ist auferstanden!
Er ist wahrhaftig auferstanden."
Eine neue Taufkerze wird hereingetragen.
Sie brennt und alle entzünden
ihr Licht am Licht der Taufkerze.

Was wir machen

Weiterführen:
Schreibt den Text „Osternacht" ein Stück weiter – wie geht die Osternacht zu Ende?

Füllen:
Zwei Osternachtbesucher unterhalten sich auf dem Heimweg über ihre Eindrücke. Schreibt zu zweit kleine Dialoge.

Besuchen:
Besucht eine Kirche, seht euch den Altar, die Taufkerze, die Bibel an. Nehmt euch Gesangbücher, setzt euch und schlagt unter der Überschrift „Ostern" auf: Wählt ein passendes Freudenlied für den Ausklang einer Osternacht. Vielleicht könnt ihr es singen?

Viele Farben

Was wir machen

Abstimmen:
Welches Ei gefällt euch am besten? Warum?

Gestalten:
Blättere die Seiten des Schrittes „Eier – Lebenszeichen" noch einmal durch und überlege: Wie könntest du das Besondere an Ostern auf einem Osterei darstellen?

Feiern:
Osterfreude teilen – darum soll es bei einem Klassenfest oder bei der nächsten Osterfeier in der Familie gehen: Plant, was dazugehört.

7 Vatertag

Erkan: He, Riko – heute Nachmittag bei Michi ...?
Riko: Ne, heute nicht.
Muss noch den Bollerwagen reparieren.
Erkan: Den Bollerwagen?
Riko: Na, du weißt schon: Vatertag ...

Im siebten Schritt wird klar:
Es hat nichts mit Rausch zu tun,
wenn 40 Tage nach Ostern
wieder gefeiert wird.

Im siebten Schritt entdeckst du
den Vater Jesu hinterm Vatertag.

Unter freiem Himmel

Er führte sie aber hinaus bis nach Bethanien
und hob die Hände auf und segnete sie.
Und es geschah, als er sie segnete,
schied er von ihnen und fuhr gen Himmel.

Lukas 24,50f.

Wessen Fest?

Und als er das gesagt hatte,
wurde er zusehends aufgehoben,
und eine Wolke nahm ihn auf
vor ihren Augen weg.
Und als sie ihm nachsahen,
wie er gen Himmel fuhr,
siehe, da standen bei ihnen zwei Männer
in weißen Gewändern.
Die sagten: „ ... Was steht ihr da
und seht zum Himmel?"

Apostelgeschichte 1,9–11

Was wir machen

Betrachten:
Die Abbildungen und Texte der Doppelseite betreffen ein und denselben Feiertag. Was fällt auf?

Klären:
Wie wird „Vatertag"/„Herrentag" gefeiert? Von wem und von was sprechen die beiden biblischen Texte? Recherchiert, welches Fest älter ist.

Deuten:
„Gen Himmel fahren" ... Wie stellt ihr euch das vor? Sprecht darüber. Lest dazu die Bibeltexte mehrfach: Ist „Himmel" unbedingt „oben"?

Jesu Fest

Was wir machen

Betrachten:
Der Titel des Bildes ist „Und sie sahen ihn nicht mehr" – was ist gemeint? Siehst du „ihn" noch?

Gestalten:
Keiner weiß, was wirklich geschehen ist. Himmelfahrt ist ein Bild.
Es gibt alte Bilder, auf denen Jesus ganz naturgetreu in den Wolken verschwindet. Aber so muss es nicht gewesen sein. – Sondern?

Feiern:
Plant ein echtes Himmelfahrtsfest. Was gehört dazu?

Gerade haben sich die Jünger
darauf eingelassen,
zu glauben, dass Jesus, der gekreuzigt
und begraben war,
bei ihnen ein- und ausgeht
und zu ihnen spricht.

Dann aber hören sie seinen Befehl:
„Ihr müsst jetzt gehen ohne mich.
Macht weiter, wie ich angefangen habe."
Gerade war er noch da.
Jetzt ist er weg.

Sie sagen: „Er ist zu seinem Vater
gegangen."

Martina Steinkühler

8 Heilige Zahlen

Lisa: 40 und 10 sind ...
Erkan: 50.
Riko: Aha ...
Lisa: Ist euch noch nie aufgefallen, dass es im Frühling unheimlich viele freie Tage gibt?
Riko: Aber keine 50 ...
Erkan: Ostern, Himmelfahrt, Pfingsten.
Lisa: Sag ich doch. Ostern plus 40 gleich Himmelfahrt. Plus 10 ...?
Riko: Sommer!

Im achten Schritt wird klar:
So manche Zahlenspielerei
hat ihren tiefen Sinn.

Im achten Schritt entdeckst du,
wie sich der Kreis der
Kirchenfeste rundet.

Freitag, der 13. – magisch?

Wann hat Donald Duck Geburtstag?

Donalds Erfinder Walt Disney erzählt folgende Geschichte: Donald Duck kommt in einer stürmischen Nacht, an einem Freitag, den 13. März, zur Welt. In einer Schlammblase fliegt er durch ein Fenster des Disney-Studios, landet auf dem Tisch, um den sich eine Autorenrunde versammelt hat, und unterbricht die Sitzung mit den wütenden Worten: „Wollt ihr was von mir?“

Mathematik und Aberglaube

Ein Viertel aller Deutschen glaubt, dass ein 13., der auf einen Freitag fällt, ein besonderer Unglückstag sei.
Prof. Dr. Heinrich Hemme von der Fachhochschule Aachen ging der Sache auf den Grund: Er zählte für einen Zeitraum von 400 Jahren nach, wie oft der 13. ein Freitag ist.

Dabei ergab sich, dass der 13. insgesamt 688-mal auf einen Freitag fällt, aber nur 684- bis 687-mal auf jeden der anderen Wochentage. Hemme ist sich sicher, dass Unglücke sich gleichmäßig über das Jahr verteilt ereignen.
Manche geschehen deshalb auch rein zufällig an einem 13.

Da der 13. aber am häufigsten ein Freitag ist, passieren diese Unglücke auch öfters an einem Freitag als an jedem anderen Wochentag. Der Unterschied beträgt zwar nur etwa ein halbes Prozent, aber er ist immerhin vorhanden.

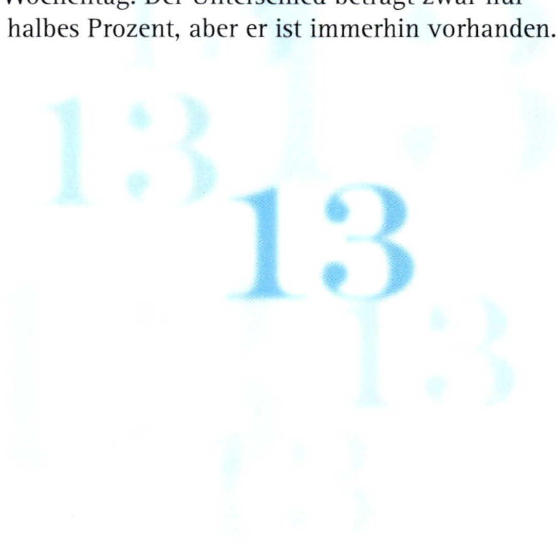

Was wir machen

Erzählen:
Freitag, der 13. – ein besonderer Tag? Erzählt, was ihr gehört habt.

Klären:
Was steckt hinter der Idee, dass Donald Duck an einem *Freitag, dem 13.*, geboren sein soll?

Prüfen:
Lest, was Professor Hemme über *Freitag, den 13.*, herausgefunden hat.
Gestaltet ein Info-Poster gegen Aberglauben.

Sieben – vollkommen

Die Sieben Weltwunder der Antike

„Und so vollendete Gott am *siebten* Tag seine Werke" – so schließt die erste Schöpfungsgeschichte der Bibel (1 Mose 2,2), die die Entstehung der Welt als 6-Tage-Werk beschreibt.

Das ist wissenschaftlich nicht korrrekt – und ist auch gar nicht so gemeint. Der Satz macht Glaubensaussagen: dass Gott die Welt gewollt hat; dass Gott alles sorgfältig eingerichtet hat.

Die Zahl *sieben* unterstützt diese Botschaft. Denn die *Sieben* gilt seit Alters her als Zahl der Vollkommenheit.

Statistisch gesehen ist die *Sieben* die meist genannte Lieblingszahl. Keiner kann sicher sagen, was an der *Sieben* so besonders ist. In Märchen, Mythen und im Alltagsleben spielt die *Sieben* eine große Rolle.

Was wir machen

Klären:
Bereitet euch zu zweit darauf vor, der Klasse ein Märchen, eine Geschichte oder Informationen in Verbindung mit der Zahl 7 vorzustellen. Überlegt, wie ihr die Sieben besonders hervorheben könnt.

Beispiele:

Sieben Zwerge –
Sieben-Meilen-Stiefel –
Sieben Weise –
Sieben Weltwunder –
Sieben Schöpfungstage –
Sieben Sachen -
Siebenschläfer

Siebenmal sieben und eins

Text und Musik: Siegfried Macht

Was wir machen

Klären:
Sucht im Kalender das Datum des Pfingstfests. Rechnet siebenmal sieben und einen Tag zurück – welches Fest wurde da gefeiert? Besucht den dieses Festes.

Deuten:
„Zeit erfüllt" – Beschreibt mit Worten, Gesten oder einem Bild, was damit gemeint ist. Besucht dazu Pfingsten.

Sammeln:
Gottes Geist – sammelt Bilder (z.B. Google) und/oder Meinungen: Wie kann man sich Gottes Geist vorstellen? Was kann Gottes Geist bewirken? Dokumentiert eure Ergebnisse.

Singen:
Probiert das Lied als Kanon. Erfindet passende Bewegungen dazu.

Siebenmal sieben und eins ist Pfingsten,
siebenmal sieben heißt: Zeit erfüllt.

Gott hat seinen Geist gegeben,
das Geheimnis ist enthüllt.
Sieben Wochen ist es her,
dass erstanden ist der Herr.

Die Zwölf

Pfingstbild: Wo sind die Zwölf?

Sie saßen drinnen.
Draußen herrschte reges Treiben.
Sie saßen drinnen, trauten sich nicht raus.
Die Türen waren zu.

Sie saßen drinnen.
Das Geheimnis Jesu behielten sie für sich.
„Wir sagen lieber nichts. Es könnte Ärger geben."
Die Münder blieben zu.

Auf einmal aber ist's geschehen.
Wie starker Wind und helles Feuer war es.
Sie richteten sich auf und hatten Mut.
Türen und Münder gingen auf!

Was wir machen

Klären:
Wer sind „die Zwölf"? Beschreibe, was ihnen geschieht. Nimm Text und Bild zur Hilfe, auch die Apostelgeschichte, Kapitel 2.

Deuten:
Was geschah mit Jesu Geheimnis, als Türen und Münder sich öffneten? Betrachtet eine Weltkarte: Wo gibt es Christen?

Gestalten:
Stellt Pfingstwunder dar – pantomimisch, tänzerisch oder klanglich.

3 – 4 – 7 – 12 – 40 – 50

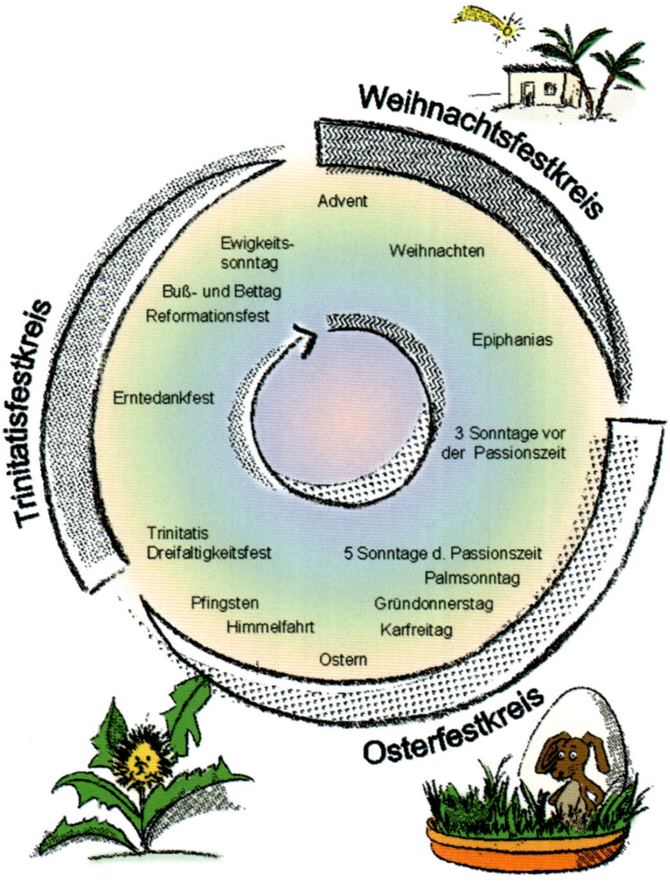

Das evangelische Kirchenjahr

Besondere Zahlen bestimmen den Abstand und den Ablauf der großen kirchlichen Feste. Es entsteht ein dreiteiliger Kirchenjahreskreis. Er erinnert daran, was Menschen mit Gott erlebt haben und was sie von ihm erhoffen.

Die Geschichte Gottes mit den Menschen wird in Zahlen ausgedrückt – wie eine Telefonnummer, die du dir gut merken kannst.

50 – 40 – 12 – 7 – 4 – 3

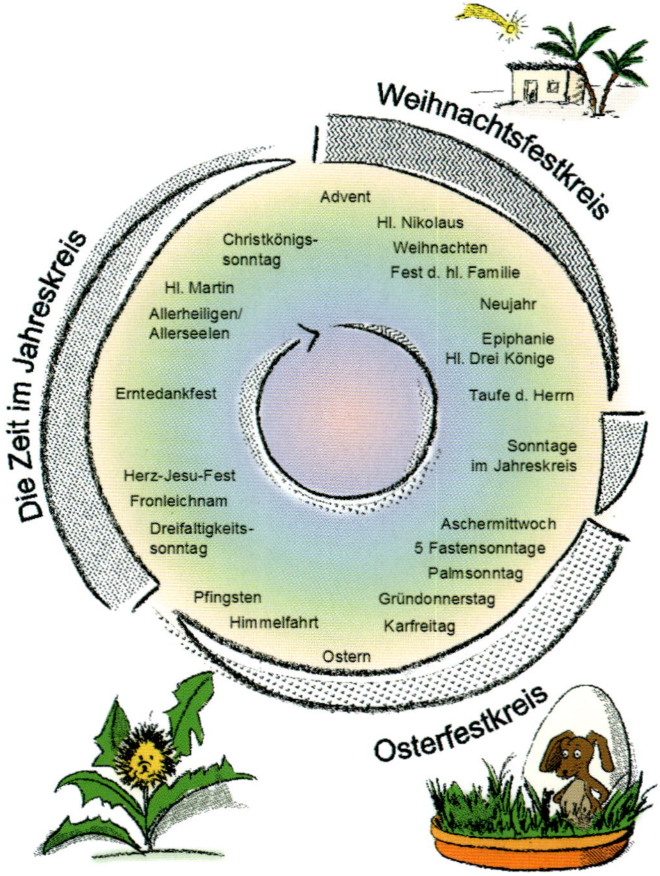

Das katholische Kirchenjahr

Aus dem jüdischen Festkalender 2011:

Passa 19.–26. April; Schawuot 8.–9. Juni;
Sukkot 13.–20. Oktober; Chanukka 21. Dezember

Was wir machen

Klären:
Erklärt einander das Kirchenjahr, evangelisch oder katholisch.

Deuten:
Nennt Unterschiede zwischen evangelischem und katholischem Kirchenjahr. Sammelt Informationen (Lexikon, Wikipedia, Reli-Lehrer, Pfarrer/Pastorin fragen).

Gestalten:
Eine große und eine kleinere Pappscheibe: Gestalte die große als Jahr mit vier Jahreszeiten, die kleine als Kirchenjahr mit Kirchenjahreszeiten.
Hebe die heiligen Zahlen besonders hervor.
Hefte die beiden Scheiben zusammen.

Übertragen:
Vergleicht die Termine der jüdischen Feste mit denen der christlichen.

Der Sabbat ist um des Menschen willen gemacht.

Kreuzung C: Menschen, die Jesus begegnen

Kreuzung C: Was wir machen

In einem sind sich alle Evangelien einig: Jesus war einer, der keine Berührungsängste kannte. Gerade den Menschen, mit denen keiner zu tun haben wollte, wandte er sich zu: Leuten mit ansteckenden Krankheiten wie *Aussatz;* Behinderten; Übeltätern. *Zöllner* galten damals als Handlanger des Kaisers in Rom – als Verräter ihres Volkes. *Frauen* zählten wenig. Eine Frau, die unbefangen ausging, sich unterhielt, womöglich mit Männern, kam leicht in den Ruf, eine Hure zu sein. Die *Pharisäer* schüttelten den Kopf über Jesus. „Mit wem der sich abgibt ... – Das gehört sich nicht!"

Wanted
→ Rallye mit vier Stationen

Gut geeignet für einen Tag der Offenen Tür oder ein Fest mit Eltern

Ihr braucht pro Gruppe ein Neues Testament.

Betrachten:
S. 84/85: Viermal begegnet Jesus anderen Menschen. Beschreibt, was ihr erkennt (Haltungen, Mienen, Gesten).

Lesen:
In vier Gruppen. Bildet einen Kreis und lest reihum: GRUPPE A – Lukas 10,38–42; GRUPPE B – Lukas 19,1–10; GRUPPE C – Markus 1,40–44; GRUPPE D – Markus 2,13–17

Klären:
Wer soll nicht zu Jesus? Warum nicht?
Gestaltet einen Steckbrief, der diese Person zum „Verbrecher“ stempelt.

Deuten:
Kommt wieder zusammen. Erzählt den anderen Gruppen mithilfe des Steckbriefs, was ihr gelesen und besprochen habt. Steckbriefe signalisieren: „Der oder die gehört nicht zu uns. Fangen und einsperren.“ Was sagt Jesus dazu?

Probieren:
Wie stellt ihr ohne Worte „ausgrenzen/abweisen“ dar, wie „aufnehmen/annehmen“? Probiert verschiedene Möglichkeiten aus.

Gestalten:
Im Spiel soll dargestellt werden: „Die, die von anderen abgelehnt werden, sind die, die Jesus sucht.“ Bedingungen: Kein Ton; keine Kulisse – ihr selbst seid Spieler und Kulisse; die Steckbriefe sollen verwendet werden; alle (die wollen), sollen mitspielen.

9 Urlaubspost aus Istanbul

Lisa entdeckt in Erkans RELi-Buch
eine bunte Postkarte.
„Istanbul“, steht darauf und: „Turkiye.“
„Urlaubsgrüße?“, fragt sie.
„Wie man es nimmt“, sagt Erkan.
Er will ihr die Karte wegziehen.
„Warte doch mal“, sagt Lisa.
„Das sieht spannend aus!“

Im neunten Schritt wird klar:
dass „fremd“ nicht immer
fremd sein muss.

Im neunten Schritt erfährst du,
dass das Herz entscheidet,
wo man sich zu Hause fühlt –
und dass der Glaube Menschen
ein Zuhause gibt.

Fremd

Was wir machen

Füllen:
Lies (rechts), was Leute über fremde Welten denken – was denkst du?

Klären:
Sucht auf der Karte Istanbul. Wer kennt Istanbul, wer die Türkei, wer war schon einmal dort? Was ist auf der Ansichtskarte zu sehen?

Tauschen:
Stellt euren Heimatort als Ferienziel vor – was ist besonders? Was sollten Besucherinnen und Besucher anschauen, was sollten sie wissen?

„Eine andere Welt!"

„Wie es duftet: Zimt, Vanille, Muskat!"

„Diese Farben und dann das Gewimmel
in den Markthallen."

*„Eintauchen – für einen Urlaub.
Aber dann wieder heim!"*

„Weit weg – geht mich nichts an."

„Ein Buch mit 7 Siegeln. Fremde Sprache."

„Fremde Menschen –
versteh' ich sowieso nicht."

Istanbul – Stadt auf zwei Kontinenten. Seine Geschichte begann mit der griechischen Siedlung Byzanz, gegründet 657 vor Christi Geburt. Nach seiner Zerstörung baute Kaiser Konstantin auf den Mauern von Byzanz eine neue Stadt, die die Hauptstadt seines Reiches wurde: Konstantinopel (330 nach Christi Geburt). 1453 eroberten die Osmanen unter ihrem Sultan Mehmed II. die Stadt. Der Sultan nannte sie Istanbul und wieder wurde sie Hauptstadt eines großes Reiches. (Aus einem Reiseführer)

Lieber Erkan,

wann werdet ihr endlich nach Hause kommen?
Du schreibst, du bist in Neustadt zu Hause.
Wie kann das sein?

Ich bin in Istanbul geboren und deine Großmutter auch.
Unsere Eltern und unsere Großeltern sind Türken.
Deine Eltern sind Türken. Du bist es auch.
Du gehörst zu uns. Nach Istanbul.

Sag das deinem Vater. Sag ihm: Es wird Zeit.

Dein Großvater

Was wir machen

Raten:
Jeder denkt sich einen Ort, an dem er sich besonders „zu Hause" fühlt. Die anderen sollen ihn erraten, indem sie Fragen stellen. Aber nur die Antworten „ja" oder „nein" sind erlaubt.

Reisen:
Denk dir ein Reiseziel und nimm die Klasse mit auf die Reise dorthin.
Beschreib dein Ziel so gut, dass die anderen es malen können.

Sammeln:
Was ist nötig, damit du dich „zu Hause" fühlst? Sammle zuerst für dich allein. Anschließend entsteht eine Liste an der Tafel.

Bedenken:
Schlüpfe in Erkans Haut: Was antwortet er dem Großvater?

Anders

Was wir machen

Klären:
Finde heraus, wovon Erkan spricht: Islam, Beten, Fasten, Ramadan – besuche ⁂ Islam. Bereite einen Vortrag vor, in dem folgende Punkte vorkommen: Islam, Koran, Prophet, die Fünf Säulen.

Vergleichen:
Unterhaltet euch mit Muslimen – Was wäre im Islam vergleichbar mit Kirche, Sonntagsgottesdienst, Kreuz, Konfirmation, Pfarrer/Pfarrerin?
Tragt die Ergebnisse zu einem Schaubild zusammen.

Probieren:
Eine Kette zum Beten haben nicht nur Muslime.
Kennst du den Rosenkranz? Die „Perlen des Glaubens"? Auch du kannst ein Band mit Perlen auffädeln und bei jeder Perle an etwas denken, das du vor Gott bringen möchtest.

Tauschen:
Was trägst du mit dir herum und hast es immer bei dir?

Lisa: Was bedeutet es für dich, dass du Türke bist?

Erkan: Ich bin in Deutschland geboren.

Lisa: Ja, aber was bedeutet es ...?"

Erkan: Istanbul ist nicht mein Zuhause.
Wenn du es unbedingt wissen willst:
Der Islam ist mein Zuhause.

Gebetskette

„Der Islam bleibt nicht zurück", sagt Erkan. „Den trägst du mit dir mit. Gebete, fünfmal am Tag – du kannst sie beten, wo du willst. Den Fastenmonat Ramadan – du kannst ja fasten, wo du willst. Die Moschee, in die ich freitags gehe, ist gleich hier um die Ecke. Und wenn der Fastenmonat zu Ende ist, dann feiern wir zu Hause.

Nah

Moschee in Hildesheim

Was wir machen

Forschen:
Finde heraus, wie viele Muslime es in Deutschland gibt. Wo ist die nächste Moschee? Lass dir davon erzählen oder besuche sie.

Klären:
Das Foto zeigt eine Moschee, wie sie auch in deiner Nachbarschaft sein könnte.
Von außen: unauffällig.
Was muss drin sein, damit sie eine Moschee ist?
Besuche ⁂ Moschee.

Tauschen:
Wenn Muslime in eure Klasse gehen: Lasst euch erzählen, was in der Moschee geschieht. Erzählt von einem Besuch in der Kirche.

+ STOPP – Was wir jetzt können + + + STOPP – Was wir jetzt können + + + STOPP – Was wir jetzt können +

Folgende Aufgaben kannst du lösen:

1. Erzähle einer Mitschülerin, wie du Weihnachten (Ostern, Pfingsten) feierst, und erkläre ihr, was dir dieses Fest bedeutet.

2. An einem Sportwagen siehst du den Aufkleber: „Mit Jesus fahre ich besser" – Erörtere, wie das gemeint sein könnte, und nimm begründet Stellung.

3. Deine Tante arbeitet in einem Kaufhaus. Sie hat eine Lohnerhöhung in Aussicht – wenn sie bereit ist, verstärkt an Wochenenden zu arbeiten. Sie lehnt aus religiösen Gründen ab. Nenne solche Gründe und diskutiere sie.

4. Ein Kirchenlied beginnt so: „Holz auf Jesu Schulter, von der Welt verflucht, ward zum Baum des Lebens" – Erkläre, welche christliche Botschaft besungen wird und welches christliche Zeichen im Mittelpunkt steht.

5. Im Englischen gibt es zwei Wörter für Himmel: sky und heaven. Ein sky-scraper ist ein Wolkenkratzer; Jesus betet: Our Father in heaven. Vergleiche und erläutere: Um welche beiden „Himmel" geht es?

6. Kreuz, Ei, Krippe, Flamme, Wind – erkläre, was diese Zeichen für Christen bedeuten.

7. Paul hat gelogen. Ein Verwandter sagt: „Du solltest Jesus um Verzeihung bitten." Entwickle ein Gespräch zwischen dir und diesem Verwandten. Kläre seine Position und nimm Stellung.

8. Was gehört für Erkan zum Islam? Fasse zusammen und erläutere.

9. Wähle einen Werbespot – vermute begründet, was Jesus dazu sagen würde.

10. Der Mathematiklehrer beginnt in der Adventszeit jede Unterrichtsstunde so: Er zündet eine Kerze an und bittet euch, zur Ruhe zu kommen. Schreib ihm dazu einen Brief.

11. Gegner der Todesstrafe berufen sich auf das fünfte Gebot – Erkläre das und nimm Stellung.

12. Ein Tor ist gefallen. Beschreibe, was auf dem Spielfeld geschieht. Entdecke und erläutere, was das mit Religion zu tun haben könnte.

+ STOPP – Was wir jetzt können + + + STOPP – Was wir jetzt können + + + STOPP – Was wir jetzt können +

10 Ich bin

Tja, also, wenn ich mich beschreiben soll ...
Mama sagt, mein Lächeln ist hübsch.
Ich hätte gern längere Haare. Aber dann
hab ich doch keine Geduld, sie wachsen
zu lassen.
Die Farbe ist okay. Hell, irgendwie
zwischen braun und blond.
Papa sagt, ich hätte Mamas Augen.
Mama sagt: Was du wieder siehst ...
Oma sagt, ich muss wachsen.
Papa sagt: Mädchen müssen nicht groß sein.

Im zehnten Schritt wird klar:
dass Spiegelbilder nur wenig sagen.

Im zehnten Schritt lernst du
andere Sehweisen kennen –
und den Glauben,
dass Gott dem Menschen zusagt:
„So, wie du bist, so mag ich dich."

Mein Bild

Was wir machen

Reden:
Was genau ist auf dem Bild zu sehen?
Wo ist der Löwe?

Füllen:
Was denkt die Katze?

Tauschen:
Versetze dich in die Rolle der Katze:
Was möchtest du im Spiegel sehen? Schreib dazu ein Elf-Wort-Gedicht in dein Heft.

....

....

....

....

....

Deuten:
Normale Spiegel sind anders.
Erzähle eine Geschichte, in der jemand sagt:
„Sieh dich doch mal im Spiegel an."

Viele Bilder

Ein Fliegenauge besteht aus Hunderten von winzigen Facetten, ähnlich einer Bienenwabe.
Aus so vielen Einzelbildern setzt die Fliege ihr Bild von der Welt zusammen.

Was wir machen

Tauschen:
Angenommen, die Fliege sieht dich: Aus welchen Einzelteilen setzt sie „dich" zusammen?

Gestalten:
Ihr braucht viele Zeitschriften und Kataloge. Jede und jeder zeichnet auf ein großes Blatt den Umriss eines Menschen. Reißt nun aus den Katalogen Bilder aus und klebt sie in den Umriss. Wählt als Überschrift entweder: a) Was ich anziehe; b) Was ich gern mag; c) Wovon ich träume.

Dichten:
Schreib einem Menschen, den du gern hast, ein „Gedicht".

Du bist so viel:	Keiner ist wie du.
Du bist …………………………	Keiner ist so ……………………,
und du bist …………………………	keiner kann so gut ……………… .
Du bist nicht ……………………,	Keiner kann ……………………
aber du bist …………………… .	und keiner ist mir ……………… .

Viele Fragen

Was wir machen

Deuten:
„Scherben bringen Glück", heißt es. Vergleiche dieses Sprichwort mit dem Gedicht von Nina.

Gestalten:
Gestalte ein Bild zu dem Titel „Ich fühle mich ganz zerrissen" – Sprecht darüber, ob das auf euch zutrifft. Nennt Beispiele.

Ich bin ein Bild aus vielen Teilen.
Manchmal freue ich mich darüber.

Ich bin ein Bild aus vielen Teilen.
Manchmal macht es mir Angst.

Ich bin ein Bild aus vielen Teilen.
Manchmal fürchte ich, dass es Scherben sind.

Ich bin ein Bild aus vielen Teilen.
Wer hat mich gemalt?

Ich bin ein Bild aus Scherben.
Wirst du sie richtig zusammensetzen?

Nina, 13 Jahre

Eine von vielen Antworten

Und Gott sah alles an, was er gemacht hatte ...

Und Gott schuf den Menschen zu seinem Bilde,
zum Bilde Gottes schuf er ihn.
Und er schuf sie als Mann und Frau.

Bibel, 1 Mose 1

Da machte Gott der Herr den Menschen aus Erde vom Acker
und blies ihm den Odem des Lebens in seine Nase.
Und so ward der Mensch ein lebendiges Wesen.

Bibel, 1 Mose 2

... und siehe: Es war sehr gut!

Was wir machen

Füllen:
Wenn Gott mich „nach seinem Bild" gemacht hat, dann ...
Wenn Gott mir seinen Atem in die Nase geblasen hat, dann ...
Wenn Gottes Hände mich halten, dann ...
In Gruppen: Nehmt einen der Sätze als Anfang eines Schreibgesprächs.

Werten:
Angenommen, die Menschen wüssten, dass Gott sie gemacht hat – was würden sie ihm sagen? – Schreib los ...

Zusage

Was wir machen

Deuten:
Wer spricht hier zu wem?

Gestalten:
Ihr braucht viele Sonntagszeitungen. Sucht nach Geburtsanzeigen – klebt daraus ein Poster: „Genial!".

Klären:
Eine Frage an die Muslime: Glauben sie auch, dass Gott sie geschaffen hat?

Schreiben:
„Ich danke dir, Gott, dass ich wunderbar gemacht bin ..." – Schreib weiter:
Was ist wunderbar an dir?
(Du musst es keinem zeigen.)

Vergiss es nie:
Dass du lebst, war keine eigene Idee,
und dass du atmest, kein Entschluss von dir,
Vergiss es nie:
Dass du lebst, war eines anderen Idee,
und dass du atmest, sein Geschenk an dich.

Vergiss es nie: Niemand denkt und fühlt und
handelt so wie du,
und niemand lächelt so, wie du's grad tust.
Vergiss es nie: Niemand sieht den Himmel ganz
genau wie du,
und niemand hat je, was du weißt, gewusst.

Vergiss es nie: Dein Gesicht hat niemand sonst
auf dieser Welt,
und solche Augen hast alleine du.
Vergiss es nie: Du bist reich, egal ob mit, ob ohne Geld,
denn du kannst leben! Niemand lebt wie du.

Du bist gewollt, kein Kind des Zufalls,
keine Laune der Natur,
ganz egal, ob du dein Lebenslied in Moll
singst oder Dur.
Du bist ein Gedanke Gottes -
Ein genialer noch dazu. DU BIST DU.

Jürgen Werth

11 Ich bin gewollt

Auf der Grundschule hatte ich drei
beste Freundinnen.
Die sind nicht mitgekommen.
Was sich hier entwickelt,
kann ich noch nicht sagen.
Aber Riko und Erkan wohnen
ganz in der Nähe.

Im elften Schritt wird klar:
dass offene Türen wichtig sind.

Im elften Schritt begegnest du
dem Glauben, dass diese Welt
ein Haus zum Leben ist –
du bist darin willkommen.

Herein!

Was wir machen

Klären:
Vergleiche die Schilder.
Wo sind sie angebracht?
Was „sagen" sie?

Deuten:
Türschilder geben nicht nur die Namen der Bewohner an; je nachdem wie sie gestaltet sind, laden sie ein – oder nicht. Sammelt Motive und vergleicht.

Gestalten:
Eigenes Zimmer! – Entwirf dein persönliches Türschild.

Was wir machen

Füllen:
Schreib eine Geschichte zu dieser Tür. Was ist dahinter? Was geschieht, wenn du eintrittst?

Tauschen:
Erzähle von einer Tür, durch die du oft und gern gehst.

Probieren:
Wie empfängst du jemanden, der dir willkommen ist? Wie willst du empfangen werden, damit du dich willkommen fühlst? – Spielt Begrüßungsszenen.

Herzlich willkommen

Mit dieser Zeichnung lädt eine Kirchengemeinde zum Gemeindefest.

Was wir machen

Deuten:
Was verspricht die oben abgebildete Einladung? Wie stellst du dir das Fest vor, das da geplant wird?

Sammeln:
Wozu wirst du eingeladen – per Einladungskarte, Zeitungsanzeige, Plakat?

Klären:
Betrachtet eure Funde genauer: Wer ist eingeladen, wer nicht? Welche Einladungen ergehen an alle?

Werten:
Sortiert eure Funde unter der Fragestellung: Was wollen die, die da einladen, eigentlich von den Eingeladenen?

Volles Haus

Jesus erzählte von Gott: Gott ist wie ein Gastgeber, der ein großes Fest veranstalten will. Alle wichtigen Leute hat er rechtzeitig informiert. „Haltet euch den Termin frei. Ihr werdet es nicht bereuen.“ Die Vorbereitungen laufen auf Hochtouren. Dann ist es so weit.
Der Gastgeber öffnet seine Türen und lässt seinen Mitarbeiter telefonieren: „Kommt, es ist alles bereit.“

Auf einmal hagelt es Absagen.
Der eine hat geschäftlich zu tun, der andere privat.
Der Nächste fühlt sich nicht so gut ...

„Dann eben nicht“, sagt der Gastgeber. „Abblasen, das Ganze?“, fragt der Mitarbeiter. „Wo denkst du hin!“, ruft der Gastgeber. „Das Fest findet statt.“

Und er öffnet die Türen seines Hauses noch weiter und winkt jeden Menschen herein, der gerade vorbeikommt.

Nach Lukas 14,15–24

Was wir machen

Deuten:
„Gott ist wie ...“ – Lies die Geschichte und finde heraus, was Jesus mit diesem Vergleich über Gott aussagen will.
Sag es in einem Satz. Sammelt eure Sätze und vergleicht.

Vergleichen:
Lies das Gleichnis auch im Lukasevangelium, im 14. Kapitel: Welche Unterschiede fallen dir auf?

Klären:
In die Zeichnung ist ein Psalmvers eingebaut: Was ist demnach das Besondere und Wichtige an Gottes Fest?

Offene Arme

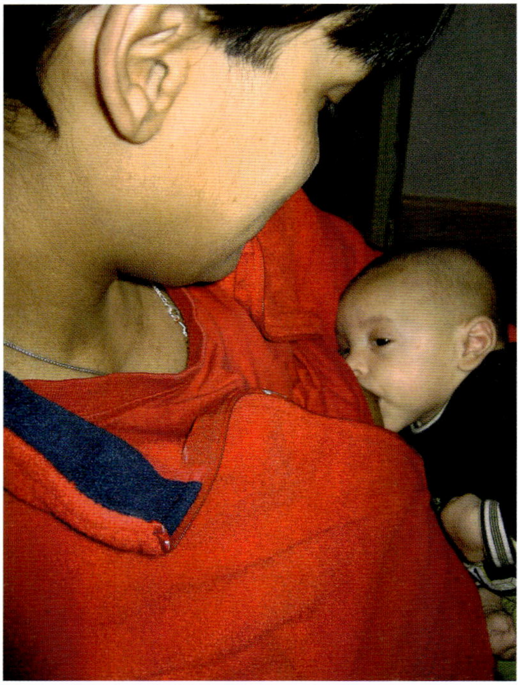

Du bist da
Neun Monate Warten,
neun Stunden Wehen,
es war lang,
es war mühsam.
Doch weißt du was:
Ich hab's vergessen.
Du bist da.

Miriam N., zum fünften Mal Mutter

Was wir machen

Deuten:
Besprecht, was die Mutter auf dem Bild vergessen hat, und warum.

Sammeln:
Gott steht in der Bibel für alles, was das Leben fördert: Frieden, Gerechtigkeit, Mitleid, Liebe, Sorge. Er wird verglichen: mit einem Gastgeber, mit Vater und Mutter, mit Licht, mit einer Quelle, mit einer festen, sicheren Burg. Finde weitere Bilder.

Gestalten:
Suche dir eines dieser Bilder aus, gestalte es, gib ihm einen Titel.

Die Bibel erzählt, dass Gott die Menschen geschaffen hat. Er hat sie ins Leben gerufen und kennt sie und sorgt sich um sie. Wie Jesus im Neuen Testament, so fragen auch die Propheten des Alten Testaments: Alles, was ihr zum Leben braucht, hält Gott für euch bereit. Warum lasst ihr ihn warten? Warum kommt ihr nicht zum Fest?

Vor über 2000 Jahren machte der Prophet Jesaja dem zerstreuten Volk Israel Mut. Gott selbst, sagte er, habe ihm aufgetragen, Folgendes auszurichten (Jesaja 66,13):

Ich will euch trösten,
wie einen seine Mutter tröstet.

Voller Liebe

Die Bibel ist auch ein Buch der Versprechungen. Gott verspricht einem Menschen, einem Volk oder allen Menschen seine Begleitung. In der Taufe suchen Pastor oder Pastorin und die Familie des Täuflings so ein Versprechen aus. Es soll den Täufling sein Leben lang begleiten. Hier sind einige Beispiele.

Siehe, ich habe dir geboten, dass du getrost und unverzagt seist.
Lass dir nicht grauen und entsetze dich nicht;
denn der HERR, dein Gott, ist mit dir in allem, was du tun wirst.
Josua 1,9

Fürchte dich nicht, denn ich habe dich erlöst;
ich habe dich bei deinem Namen gerufen;
du bist mein!
Jesaja 43,1

Siehe, in die Hände habe ich dich gezeichnet;
deine Mauern sind immerdar vor mir.
Jesaja 49,16

Es sollen wohl Berge weichen und
Hügel hinfallen,
aber meine Gnade soll nicht von dir
weichen.
Jesaja 54,10

Ich habe dich je und je geliebt.
Ich habe dich zu mir gezogen aus lauter Güte.
Jeremia 31,3

BERGE WEICHEN
HÜGEL FALLEN
ICH HABE DICH JE UND JE GELIEBT.
DEINE MAUERN SIND
IMMERDAR VOR MIR.

Was wir machen

Lesen:
Lest die Sprüche laut. Sprecht darüber, wie sie klingen und wie sie auf euch wirken. Gibt es einen Lieblingsspruch?

Wählen:
Die Evangelische Kirche hat eine große Auswahl von Taufsprüchen im Netz; besuche *www.taufspruch.de.* Welchen würdest du heute für dich wählen?

Wo ist dieser Gott?

Nähme ich Flügel der Morgenröte
und bliebe am äußersten Meer,
so würde auch dort deine Hand mich führen
und deine Rechte mich halten.
Spräche ich: Finsternis möge mich decken
und Nacht statt Licht um mich sein –,
so wäre auch Finsternis nicht finster bei dir,
und die Nacht leuchtete wie der Tag.

Psalm 139,9–12

Wenn ich sehe die Himmel, deiner Finger Werk,
den Mond und die Sterne, die du bereitet hast:
was ist der Mensch, dass du seiner gedenkst,
und des Menschen Kind, dass du dich seiner annimmst?
Du hast ihn wenig niedriger gemacht als Gott.

Psalm 8,4-6

Was wir machen

Werten:
„Ich seh nichts von Gott", sagt Riko. „Na und?", sagt Lisa. „Ich seh auch nichts von Liebe – was beweist das schon?" Diskutiert die beiden Positionen.

Klären:
Besuche „Gott" – was haben Juden, Christen und Muslime in diesem Punkt gemeinsam?

Die Beter dieser Psalmen denken Gott, den Schöpfer, und Gott, die gute Mutter, zusammen. Es entsteht ein Bild des ganz Großen, der sich um das Kleine – den einzelnen Menschen – kümmert. Das ist eine Erfahrung, die in der Bibel immer wieder zur Sprache kommt, Staunen über das Wunder, dass vor Gottes Auge jedes Lebewesen wichtig ist.

Mit Gott in jeder Sache den Anfang und das Ende mache!

Was wir machen

Tauschen:
Viele alte Häuser haben einen Spruch über der Tür, der auf Gott verweist. Versetzt euch in die Bauherren: Was haben sie sich dabei gedacht?

Deuten:
In einem Psalm der Bibel heißt es: „Gott behüte deinen Ausgang und Eingang von nun an bis in Ewigkeit." – Was wünscht dieser Psalm konkret?

Werten:
„Gott ist Anfang und Ende" – wer das glaubt, hat immer einen „Verbündeten".
Zu zweit: Entwickelt ein Mutmachlied, das mit Gott rechnet.

Kreuzung D: Gott und sein Ich-bin-Buch

Kreuzung D: Was wir machen

Gott hat einen Namen: Ich bin, der ich bin, und ich bin für euch da. Wir haben ein Buch von Gott, die Bibel. In der Bibel geht es um *Menschen:* Adam und Eva, Noah, Abraham und Sara, Josef und seine Brüder, Mose und Mirjam, Rut und David, Jona und Jeremia. Jesus und seine Jünger. Petrus und Paulus.
Die Menschen in der Bibel haben *Erfahrungen mit Gott* gemacht. Sie glauben, dass sie ihn gespürt, gehört, sogar gesehen haben. Diese Erfahrungen sind nicht verloren gegangen. Sie wurden gesammelt und aufgeschrieben – am Ende gab es ein dickes Buch, die Bibel.

Wahr oder falsch?
→ Ein Bibelquiz

Das Quiz wird in vier Gruppen vorbereitet. Je eine Gruppe stellt dann ihre Fragen, die übrigen drei raten um die Wette.

A. PSALMEN
z.B. Psalm 104

B. URGESCHICHTE
z.B. 1 Mose 7

C. MOSEGESCHICHTE
z.B. 2 Mose 14

D. PROPHETEN
z.B. Jona

Ihr braucht pro Gruppe eine Bibel.

Betrachten:
Betrachtet gemeinsam die Kreuzung:
Welche Themen erkennt ihr?

Ordnen:
In der Bibel gibt es unterschiedliche Sorten von Texten, z.B. Mythos/Märchen, Geschichtserzählung, Lied, Prophetenerzählung. Ordnet jeder Textsorte ein Bild zu.

Wählen:
Pro Bild eine Gruppe: Rund um dieses Bild entwerft ihr ein Quiz. Dazu müsst ihr euch zuerst Informationen beschaffen.

So könnt ihr vorgehen:

- Seht im Inhaltsverzeichnis von RELi + wir nach: Welcher Schritt beschäftigt sich mit dem Thema? Schaut ihn gemeinsam an. Besucht den geeigneten Treffpunkt.
- Schlagt das Inhaltsverzeichnis der Bibel auf: Wo steht eure Textsorte? Was steht davor, was danach? Gehören mehrere ähnliche Bücher zusammen?
- Schlagt die Bibel auf, z.B. die vorgeschlagene Bibelstelle.
- Bereitet einen Zettel mit Behauptungen vor – die Quizteilnehmer müssen entscheiden, ob sie wahr sind oder falsch.

12 Ich bin gerufen

Lehrer: Wer meldet sich freiwillig?
Die Klasse schweigt. Manche gucken weg,
kramen in den Sachen ...
Lehrer: Ich brauche zwei Freiwillige, die rasch zum
Bäcker laufen und Brötchen für uns alle holen.

Im zwölften Schritt wird klar:
Die Welt ist schön, doch auch gefährdet.

Im zwölften Schritt überlegst du,
was das mit dir zu tun hat – und
ob du gerade „Schulden" machst.

Sieh doch!

Was wir machen

Sehen:
Beschreibe jemandem, der das Bild nicht sieht, so genau wie möglich, was darauf ist.

Deuten:
Beachte die Stimmung des Bildes, die Zuordnung der einzelnen Lebewesen, ihre Tätigkeiten – schließe daraus, was der Künstler ausdrücken wollte.

Gestalten:
Vergleiche mit der Welt, wie du sie kennst. Beschreibe, male, kollagiere ein Gegenbild.

Um das Jahr 1600 ist dieser Kupferstich entstanden: Er zeigt die Vielfalt der Lebewesen, die nebeneinander die Erde bewohnen – und über allem den, den der Künstler als den Schöpfer und Bewahrer versteht: die vier hebräischen Buchstaben in dem Strahlenkranz bedeuten Gott, das Dreieck ist das Zeichen seiner Vollkommenheit: als Vater, als Sohn, als Heiliger Geist.

Wer? Ich?

In der Bibel wird erzählt,
Gott habe zuerst einen Garten angelegt,
einen Paradiesgarten
mit wunderschönen Pflanzen.
Als alles fertig war, habe er den
Menschen hineingesetzt.
Die Tiere schuf Gott dem Menschen
zur Gesellschaft.
Aber der Mensch bekam auch
einen Auftrag:

Und Gott setzte den Menschen
in den Garten,
damit er ihn bebaute und bewahrte.
1 Mose 2

Was wir machen

Sehen:
Beschreibe den Landmann. Was wird er tun? Vergleiche: Wie gehen heute Landwirte oder in der Landwirtschaft Tätige auf ihr Land?

Klären:
Lies die zweite Schöpfungsgeschichte in der Bibel: 1 Mose 2,5–7 und 15–23 (dazu: Schöpfung). Der Erzähler will nicht wissenschaftlich erklären, wie Leben auf der Erde entstanden ist – ihm geht es um andere Dinge …

Deuten:
Angenommen, es wäre so: Ihr wärt in einen Garten gesetzt und solltet ihn bewahren – beschreibt, was ihr tut und lasst.

Staun doch!

Was wir machen

Klären:
Was ist für dich „schön"? Gib Beispiele.

Deuten:
Zu zweit: Verlängert Milenas Gedicht: um weitere Fragen oder um den Versuch einer Antwort.

Gestalten:
Dekoriert das Klassenzimmer mit Bildern „zum Staunen".

Warum?
Warum so viel Farbe
für so kleine Wesen?
Warum die Perle
in der Muschel?
Warum der Edelstein
unter der Erde?

Milena, 14

Für mich?

Gott macht aus Nichts eine Welt. Und was für eine – ein Wunderwerk, das uns staunen lässt, je genauer wir es wahrnehmen und entdecken. Mit Staunen beginnt die Aufmerksamkeit für die Natur, die Schöpfung:
Staunen, wie kunstvoll das Bienenvolk seine Waben baut und Honig sammelt, angelockt von der Farbe der Blumen, die wiederum Kraft durch das Wasser bekommen, das aus Seen und Meeren aufsteigt und als Regen auf Land fällt. Aus dem Staunen kommt die immer bessere Erkenntnis, welch kunstvolle Kreisläufe da ineinander verflochten sind und wie die Lebewesen einander brauchen, um die Kette des Lebens zu erhalten.

Bärbel Wartenburg-Potter, Bischöfin

Was wir machen

Klären:
Was meint die Bischöfin mit der „Kette des Lebens"?

Gestalten:
Gestaltet „Ketten des Lebens" – baut euch selbst mit ein.

Gib Acht!

Was wir machen

Deuten:
Das Gebet spricht von „morgen"; das Motto daneben von „nur geliehen". Erkläre, was gemeint ist. Besuche Arche Noah und kläre das Sprichwort „Nach uns die Sintflut".

Sammeln:
Nennt Umweltschutzorganisationen und -projekte.

Klären:
In Gruppen: Wählt eine der Umweltschutzinitiativen aus. Bereitet kurze Berichte vor: Was wird geschützt? Wie? Welchen Beitrag können Einzelne leisten?

Vergleichen:
Die Sorge um die Bewahrung der Schöpfung verbindet Menschen aller Religionen. Lest z.B. die Rede des Indianerhäuptlings Seattle „Wir sind ein Teil dieser Erde" (leicht zugänglich im Internet): Welche seiner Gedanken erkennt ihr wieder?

Gestalten:
Umweltschutz in kleinen Schritten: Was können Einzelne heute und hier tun, um schonend mit der Umwelt umzugehen? Überlegt euch „Tipps für alle" und gestaltet ein Plakat.

Ein Gebet

Gott, du Schöpfer aller Dinge,
du hast uns Verantwortung übertragen
für die Erde.
Hilf uns, sie zu erhalten
und so zu nutzen,
dass auch morgen
Menschen hier leben können.

Amen

Die Erde ist uns nur geliehen!

Motto des Umweltschutzes

Erst wenn der letzte Baum gerodet,
der letzte Fluss vergiftet,
der letzte Fisch gefangen,
werden die Menschen feststellen,
dass man Geld nicht essen kann!

Häuptling Seattle

13 Pack deine Sachen und geh

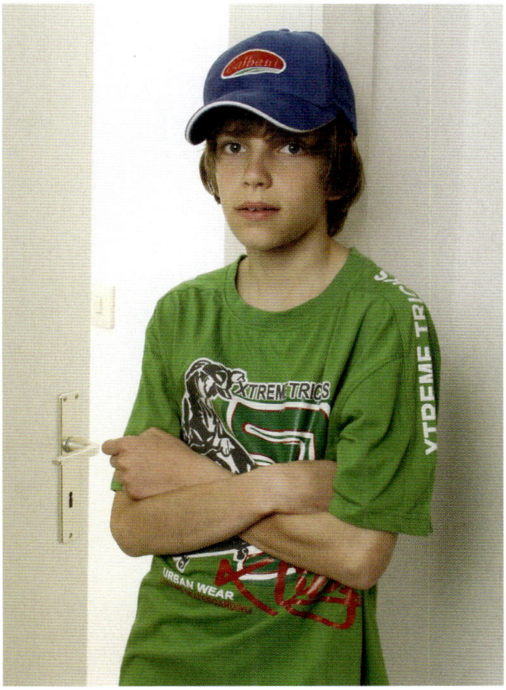

Mich hat keiner gefragt.
Mutti sagt: „Wir ziehen um.“
Ich sag: „Nein.“
Mutti hört mich nicht.
Vati sagt: „Mach dir keine Sorgen.“
Und dann sagt er noch:
„Was sein muss, muss sein.“
Ich hasse Sprüche.

Im dreizehnten Schritt wird klar:
dass Weggehen nicht immer schlecht ist.

Im dreizehnten Schritt
lernst du Abraham kennen,
der wegging, weil er glaubte:
Das ist Gottes Wille.

Einpacken

Paul soll verreisen.
Er hat schon gepackt –
das, was ihm am
liebsten ist.

Was wir machen

Spielen:
„Ich packe meinen Koffer. Ich packe ein …“ – Der Reihe nach sagt jeder diesen Satz; wiederholt, was schon gesagt wurde, und setzt ein eigenes Teil hinzu.

Deuten:
Das Foto macht darauf aufmerksam, dass man nicht alles einpacken kann. Besprecht, was zurückbleibt, wenn man für eine Reise – oder gar für einen Umzug – packt.

Werten:
Was für Gründe haben Menschen, wenn sie umziehen? Sortiert die Gründe in zwei Gruppen: „Freiwillig“ – „Notgedrungen“.

Gestalten:
Zu zweit: Verfasst ein Lied/einen Text: „Aufbruch“.

Ida ist nicht einverstanden.

Im Alltag bin ich eingesperrt,
wann komm ich da bloß raus?
Ich träume, dass der Motor jault
dass keiner mich mehr hält.
Ich fahre in ein weites, neues Land,
kein Geld, kein Haus, kein Ziel.
Nur ich. Allein. Und du?

Nina, 16

Was wir machen

Füllen:
Sag es mit deinen Worten: Was mag Nina, was mag sie nicht?
Wie lebt sie und wie möchte sie leben?

Werten:
Sprecht darüber, was Träume mit dem echten Leben zu tun haben; welche Unterschiede es gibt zwischen „Leben im Traum" und „Leben in der Wirklichkeit".

Übertragen:
Dein Foto zum Träumen – beschreibe, wie es aussehen müsste. Schreib – wie Nina/ anders als Nina – deine Gedanken dazu auf.

Ziehen

Was wir tun

Füllen:
Stell dir vor: Wie sieht der Alltag einer Nomadin/eines Nomaden aus? Was ist anders als bei dir? Welche Arbeiten müssen getan werden? Worauf muss verzichtet werden?

Vergleichen:
Was hat das Foto mit dem Foto der vorigen Seite gemeinsam? Was ist anders?

Klären:
Recherchiert im Erdkundebuch, Lexikon, Internet: Tragt alles zusammen, was ihr über das Leben der Nomaden erfahren könnt.

Umdenken:
Spielt noch einmal: „Ich packe meinen Koffer" – aber diesmal fürs Zelt …

Nomaden leben in Zelten. Sie ziehen mit den Herden, immer auf der Suche nach frischem Futter. Sie sind vom Wetter abhängig und sind dem Wetter ausgesetzt. Nomaden gab es zu allen Zeiten und überall auf der Welt. Auch heute ziehen Menschen mit ihren Tieren, zum Beispiel im Norden Skandinaviens, in Alaska oder in vielen Ländern Afrikas.

Weite Wege

Sara spielt auf der Flöte. Der Tag war lang, sie sind weit gezogen. Sie haben Wasser gesucht, ein wenig frisches Grün. Die meisten von ihnen sind zu Fuß gegangen. Die wenigen Esel, die die Familie besitzt, tragen das Gepäck. Die Kinder sind herumgerannt. Aber später schmerzten die Füße. Jetzt sind die Zelte errichtet, die Tiere behütet, die Speisen für das Nachtmahl abgetragen. Was bleibt, ist ein wenig Zeit vor dem Schlafen. Sara spielt auf der Flöte.

Ihr Lied erzählt von dem Weg – und von vielen Wegen davor. Denn Sara ist die Tochter eines Volkes, das seinen Anfang nahm, als eine erste Sara mit Abraham, ihrem Mann, einst ihre Sachen packte und aufbrach. Sara spielt auf der Flöte: von der ersten Sara und von Abraham – und von Gott. Denn Gott spielt in der alten Geschichte die Hauptrolle ...

Was wir machen

Lesen:
Erzähle nach. Nenne die Personen, die du kennenlernst – welche davon gehören in die „alte Geschichte", welche in die neue?

Geh aus deinem Vaterland ...

In der Bibel, im Alten Testament, steht die Geschichte von Abraham und Sara.
Eines Tages, heißt es dort, hörte Abraham Gottes Stimme.

„Abraham", sagt Gott, „mach doch mal auf." Er klopft an die Tür von Abrahams Haus. Laut muss er rufen. Denn Abraham drinnen horcht nicht nach draußen. „Was willst du?", fragt Abraham endlich und öffnet die Tür. Wind bläst ins Haus und weht durch den Raum. „Abraham", sagt Gott, „du hörst nicht gut, seit dein Haus fertig ist, dickwandig und fest. Was, wenn draußen einer um Hilfe ruft, was, wenn einer hinein will? Ja, selbst meine Stimme hättest du um ein Haar überhört. Du hast ja nicht einmal Fenster."

„Sara und ich werden alt, Gott", sagt Abraham.
„Wir fürchten den Wind und die Sonne. Drinnen ist es schattig und still. Da haben wir unsere Ruhe.
Wir schlafen gern lang und wir haben's gern sauber.
Sieh, was der Wind tut: Staub wirbelt auf."

„Abraham, sagt Gott, du siehst nicht gut, seit dein Haus fertig ist, dickwandig und fest. Sieh, was der Wind tut: Er lässt den Staub tanzen. Er kitzelt dich in der Nase – musst du nicht lachen?"

„Sara und ich werden alt, Gott, und das Kind, das wir uns wünschten, haben wir nicht bekommen. Lass es jetzt gut sein. Wir wollen nichts mehr als dieses feste Haus mit vier Wänden. Ein gutes Essen zur rechten Zeit und dazu ein Glas roten Wein. Der Wind aber soll draußen bleiben."
Gott wendet sich ab. Die Tür lässt er offen. „Mein Gott", ruft Abraham und macht sie rasch zu.

Martina Steinkühler

Was wir machen

Deuten:
Gott und Abraham haben unterschiedliche Vorstellungen vom Wohnen – beschreibe, wie Abraham wohnen will und was Gott für Abraham vorschwebt.

Werten:
Wie benimmt sich Abraham gegenüber Gott? Was meint er, wenn er sagt: „Mein Gott!" – Probiere aus, wie er spricht.

… in ein Land, das ich dir zeigen werde

Mitten in der Nacht steht Abraham auf. Er schleicht sich zur Tür, leise macht er sie auf. Wind bläst ins Haus und weht durch den Raum. „Gut", sagt Sara im Schlaf. Und lächelt. „So ist es besser."

Abraham legt sich wieder ins Bett. Aber der Schlaf will nicht kommen. Die Tür ist zwar offen, aber das Zimmer ist dunkel und eng. Wieder steht Abraham auf und diesmal geht er nach draußen. „Mein Gott", ruft er – und sieht am Himmel die Sterne.

„Sieh hin", spricht da Gott, „sind sie nicht schön?" Abraham nickt. „Wunderschön, Gott, wie all deine Werke." „Und, Abraham", fährt Gott fort, „kannst du sie zählen?"

„Das kann ich nicht", sagt Abraham, „und keiner sonst, außer dir." – „Unzählig wie die Sterne", sagt Gott, „sind einst deine Kinder, das verspreche ich dir."

„Was muss ich tun, Gott", fragt Abraham eifrig, „damit du dieses Versprechen erfüllst? Alles würde ich tun für ein Kind, auch für ein einziges nur, das würde schon reichen."

„Gut", sagt Gott, „das ist ein Wort. Brich also auf, mit deinem Vieh und mit Zelten. Komm aus dem Haus und zelte mit mir. Ich zeige dir Wunder und am Ende das Land, in dem deine Kinder und Enkel einst leben. Eines nur, Abraham: Offene Augen, offene Ohren und sage niemals zu früh: Das war's!"

Martina Steinkühler

Was wir machen

Diskutieren:
Sind Sterne Zeichen: Was meinst du: wofür?

Deuten:
Untersuche Gottes Worte: Welche Lebenseinstellung empfiehlt er Abraham?

Klären:
Abraham tut so, als ob Sara dieselben Vorstellungen wie er hat – stimmt das?

Füllen:
Entwickelt zu zweit kurze Gespräche: Abraham erzählt Sara, dass sie sich auf den Weg machen müssen …

Ich will dich segnen ...

Und der Herr sprach zu Abraham:
Ich will dich segnen und
du sollst ein Segen sein.
1 Mose 12,2

Was wir machen

Betrachten:
Das Bild passt zu Abrahams Geschichte. Beschreibe, was abgebildet ist. Beachte das Licht und Abrahams Hände.

Gestalten:
Male selbst ein Bild von Abraham und füge eine Denkblase hinzu. Fülle sie so aus, wie es zu dem Bild am besten passt.

Vergleichen:
Vergleicht eure Bilder.
Was ist jeweils anders? Stellt einander Fragen nach allem, was euch auffällt.

Klären:
Was hat Gott Abraham versprochen? Besuche ⁂ Segen; formuliere dann das Versprechen Gottes für Abraham mit deinen eigenen Worten.

… und du sollst ein Segen sein

Komm, Herr, segne uns …

Keiner kann allein Segen sich bewahren.
Weil du reichlich gibst, müssen wir nicht sparen.
Segen kann gedeihn, wo wir alles teilen,
schlimmen Schaden heilen, lieben und verzeihn.

Nr. 170 im Evangelischen Gesangbuch, 2. Strophe

Wozu Hände gut sind

Hände reichen – Hände öffnen – Hände fassen –
Hände falten – mit den Händen sprechen –
mit den Händen winken – mit den Händen bauen –
mit den Händen malen, schreiben, zeichnen –
Handstand machen – Handschuhe tragen –
Handarbeiten – Hand anlegen – handeln …

Was wir machen

Klären:
Besuche Abraham; finde heraus, ob/wie Gott sein Versprechen gehalten hat.

Diskutieren:
Kinder und Nachkommen: Überlegt, warum die für eine Nomadenfamilie wie die von Abraham und Sara so wichtig waren.

Deuten:
Gottes Segen öffnet die Hände. Wer gesegnet ist, kann Segen weitergeben. Überlegt, was das bedeuten kann: für Sara und Abraham, für andere Menschen zu anderen Zeiten.
Das Bild und das Segenslied oben helfen euch.

Gestalten:
Wozu Hände gut sind – lest die Aufzählung, ergänzt sie.

Sara, wir gehen in das Land, das
uns zeigen wird!
Griechenland
Galatien
Kreta
Zypern
Galiläa
Samaria
Judäa
Ägypten
Sinai

Kreuzung E: Gott und das Land, das er liebt

Kreuzung E: Was wir machen

Die Bibel hält fest, wie Menschen Gott erfahren haben. Das geschah an Orten, die wir benennen können. Schauplatz ist der Nahe Osten, besonders Gegenden und Orte, die heute zu *Israel* gehören. Klar, dass die Menschen, die dort lebten und dort Gott begegneten, ihre Heimat liebten.
Das Land, in das *Abraham* und Sara zogen – das Land, in das *Mose* die aus Ägypten befreiten Israeliten führte, wurde zum Traumbild – zu einem Paradies wie dem *Garten Eden* in der Schöpfungsgeschichte.

„Jenseits von Kanaan"
→ Eine Ausstellung

Gut geeignet für einen Tag der Offenen Tür oder ein Schulfest

A. Und Gott pflanzte einen Garten in Eden.
1 Mose 2,8–14

B. Geh in ein Land, dass ich dir zeigen werde.
1 Mose 12,1–32

C. In das Land, darin Milch und Honig fließt.
Mose 3,15–1

D. Das Land Jesu: Galiläa, Samaria, Judäa
Markus 1,1–15

Ihr braucht Bibeln, Atlanten, Prospekte eines Reiseveranstalters „Biblisch Reisen“ oder „Naher Osten“, große Tonpappen, buntes Papier, Naturmaterialien, Wolle, Stoffreste, Klebstoff, Scheren und Farben. – Bildet vier Gruppen zu den vier Themen der Kreuzung.

Gruppe A *Lesen:*
Lest den Text und skizziert danach die Umrisse des Gartens.
Gestalten:
Füllt die Umrisse aus – nach biblischen und eigenen Vorstellungen.

Gruppe B, C *Lesen:*
Lest den Text und sucht eine Schlagzeile. Haltet sie fest.
Gestalten:
Malt den Umriss von Kanaan (Atlas). Füllt die Umrisse aus – nach biblischen und eigenen Vorstellungen. Kreuzung und Schlagzeile helfen euch.

Gruppe D *Lesen:*
Lest den Text und orientiert euch anhand der Kreuzung oder im Atlas: Wo ist Galiläa, wo liegt Jerusalem, was ist „das ganze judäische Land“?
Gestalten:
Was sieht Jesus, wenn er von Galiläa nach Jerusalem wandert?
Malt es und stellt in einer Sprechblase dar, wovon er dabei träumt.

14 Unterwegs

Mein Zimmer –
nicht mehr mein Zimmer.
Ausgeräumt. Leer.
Helle Flecken an der Wand,
wo die Poster hingen.
Mein Zimmer?
Es gibt noch kein neues.
Werde ich wieder eins haben?

Im vierzehnten Schritt wird klar:
Menschen tragen oft viel Schweres
mit sich herum.

Im vierzehnten Schritt
lernst du Jakob kennen,
der einen großen Stein
auf dem Herzen hatte.

Verloren

Was wir machen*

Füllen:
Schreib die Gedanken des Jungen auf dem Bild in elf Wörtern auf.

....

....

....

....

....

Zu viert: Es geht darum, eine Geschichte zu dem Bild zu erfinden. Eine von euch schreibt oben auf ein großes Blatt einen ersten Satz. Dann bekommt die Zweite das Blatt, schreibt, gibt weiter – so geht das Blatt so lange im Kreis, bis eine von euch sagt: „Ende". Wichtig: Es darf nicht gesprochen werden. Gebt eurer Geschichte einen Titel und tragt sie vor.

* *Vorschlag*
Die Mädchen bearbeiten die linke Seite, die Jungen die rechte – anschließend stellt ihr euch gegenseitig eure Ergebnisse vor.

Gefunden

Was wir machen*

Füllen:
Schreib die Gedanken des Mädchens auf dem Bild in elf Wörtern auf.

....

....

....

....

....

Zu viert: Es geht darum, eine Geschichte zu dem Bild zu erfinden. Einer von euch schreibt oben auf ein großes Blatt einen ersten Satz. Dann bekommt der Zweite das Blatt, schreibt, gibt weiter – so geht das Blatt so lange im Kreis, bis einer von euch sagt: „Ende".
Wichtig: Es darf nicht gesprochen werden. Gebt eurer Geschichte einen Titel und tragt sie vor.

* *Vorschlag*
Die Mädchen bearbeiten die linke Seite, die Jungen die rechte – anschließend stellt ihr euch gegenseitig eure Ergebnisse vor.

Selbst schuld

Jakob hat verloren.
Er hat sein Zuhause
verloren und seinen
Bruder.
Seine Mutter, seinen
Vater, seinen Frieden.

Seinen Frieden?
Ja, den am allermeisten.

Es war ganz einfach eine krumme Tour,
was er da gemacht hat.
Er wollte ... ES ... so unbedingt für sich,
für sich allein.
Da hat er sich's genommen.

Und jetzt – jetzt ist er auf der Flucht.
Der Bruder, dem er's weggenommen hat,
will sich rächen.
Jakob kann ihn gut verstehen.
Da hilft nichts als fort.

Verloren. Alles.
Er hat ... ES ... jetzt,
das, wovon er träumte.
Und weiß nichts
damit anzufangen.

Was wir machen

Klären:
Lest von oben nach unten, von einer Stufe zur anderen. Auf jeder Stufe besprecht ihr drei Schritte: Was haben wir erfahren? Was können wir raten? Was wollen wir noch wissen?

Werten:
Wie kommt man aus so einer schlimmen Lage wieder heraus? Macht Vorschläge und besprecht sie.

Nachgefragt

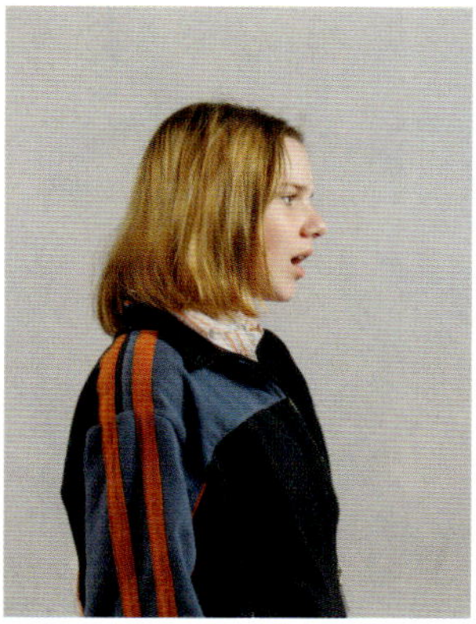

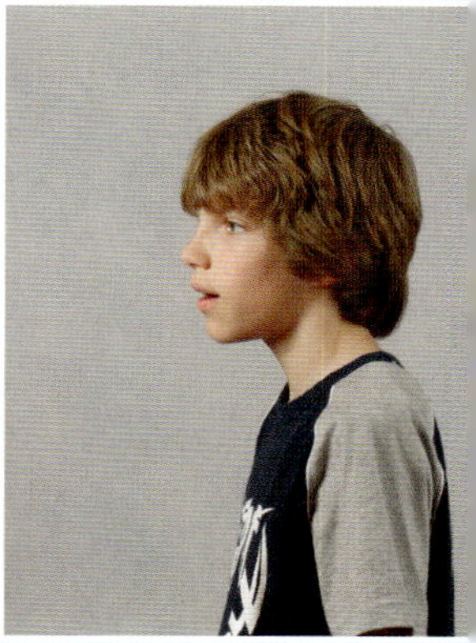

Riko: Jakob, hör mal: Wir haben eine Menge Fragen.
Jakob: Nicht, dass ich Lust hätte zu antworten.
Lisa: Das kannst du uns nicht abschlagen. Wir haben deinen Weg verfolgt.
Jakob: Na schön, was wollt ihr wissen?
Riko: Erst mal was Leichtes: Wer bist du?

Jakob: Ihr kennt doch Abraham? –
Abrahams Sohn, Isaak, ist mein Vater.
Lisa: Gut, so weit, so klar –
und dann ist da ein Bruder?
Jakob: Ein älterer Bruder, ja. Esau heißt er.
Riko: Ältere Brüder nerven.
Jakob: Das ist das Wenigste. Viel schlimmer noch:
Ältere Brüder haben alle Rechte.
Riko: Aha: Dann hast du deinem Bruder wohl was weggeschnappt?
Jakob: Das kann man wohl sagen. Weggeschnappt ...

Lisa: Aber ... was? Das habe ich noch nicht mitgekriegt.
Jakob: Du kannst ES nicht sehen, nicht anfassen,
nicht hören und nicht halten.
Und dann ... dann ist ES außerdem ... einmalig.

Was wir machen

Betrachten:
Schau dir Jakob auf dem Bild an: In welche Lebenswelt gehört er?

Lesen:
Lest das Gespräch mit verteilten Rollen.

Festhalten:
Jetzt wisst ihr schon eine Menge mehr über Jakob: Protokolliere.

„Es“

„ES ist wie ein Band“, sagt Jakob.

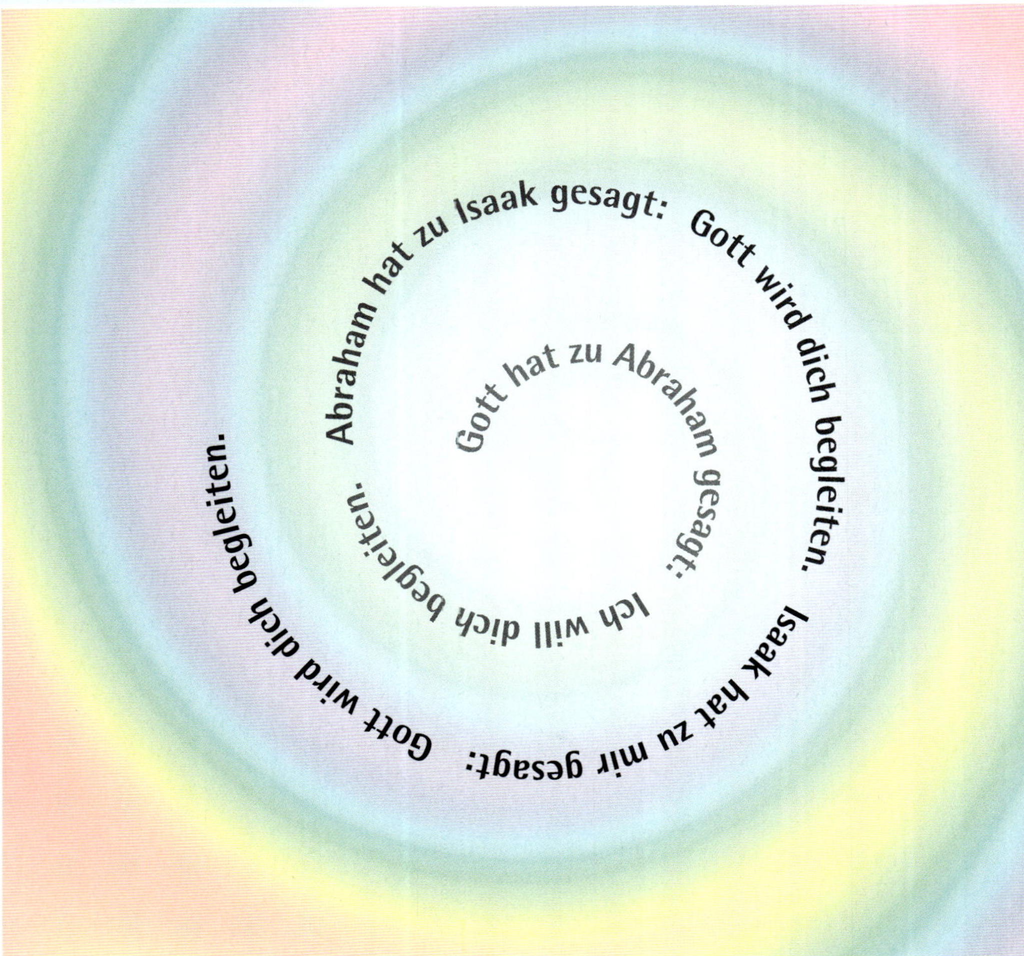

Was wir machen

Klären:
Jakobs „es“ – was ist es?
Und was ist damit geschehen?

Tauschen:
Angenommen, du bist Jakob – und du bist dir nicht sicher – wegen des Bandes und dessen, was vor dir liegt: Wen würdest du fragen? Entwirf einen Brief.

Aber ich bin mir nicht sicher. Vielleicht ist das Band jetzt gerissen. Denn als Isaak zu mir sagte:
Gott wird dich begleiten – da hat er gedacht, dass ich Esau bin, mein Bruder.

Im Traum

Was wir tun

Betrachten:
Nimm ein Blatt und decke das Bild zu. Ganz langsam, von unten nach oben, deckst du es in drei Schritten wieder auf. Beschreibe jeweils genau, was du siehst und was dir das, was du siehst, sagt.

Klären:
Jakob hat einen Traum, der seine Frage, ob das Band gerissen ist, beantwortet – aber wie? Lass dir die Geschichte von Jakob erzählen oder lies nach: 1 Mose 28.

Gefunden

Was wir machen

Schreiben:
Das Bild von Rembrandt heißt: „Die Versöhnung von Jakob und Esau". Schreib dazu das gute Ende der Geschichte von Jakobs Flucht.

Tauschen:
Erzähle als Esau oder als Jakob, wie es zu der Versöhnung kommen konnte.

Deuten:
Nach der Versöhnung sagt Jakob zu Esau: „Dein Gesicht ist für mich wie Gottes Gesicht. Denn du hast mich freundlich angesehen." Sag es in eigenen Worten – auch das ist wie eine Antwort auf seine Frage, ob das Band gerissen ist.

Gestalten:
Male ein Versöhnungsbild.

15 Im tiefen Tal

Stell dir vor: im Riesenrad,
ganz oben, zwischen den Wolken!
Du fühlst dich leicht,
es ist wie Fliegen.

Das Riesenrad dreht weiter.
Abwärts. Schluss mit Fliegen.
Tiefer, tiefer,
bis es nicht mehr geht.

Und dann? Die nächste Runde?
Oder steigst du unten aus?

Im fünfzehnten Schritt wird klar:
Menschen fallen manchmal
in tiefe Löcher.
Im fünfzehnten Schritt
lernst du Josef und seine Brüder kennen –
aus einer Falle wird ein Weg.

Das Kind ist in den Brunnen gefallen"

Was wir machen

Füllen:
Der Brunnen ist tief und dunkel. – Tief im Brunnen ist lebenswichtiges Wasser.
Spüre beiden Bedeutungen von „Brunnen" nach. Male einen gefährlichen und einen rettenden Brunnen – oder erzähle davon.

Klären:
„Das Kind ist in den Brunnen gefallen." – Erklärt diese Redewendung. Findet Beispiele für Situationen, in denen man das sagt.

Verbinden:
In so einem tiefen Brunnen sitzt Josef, Jakobs *Lieblingssohn.* Seine *Brüder* haben ihn hineingeworfen. – Mach aus diesen beiden Informationen eine knappe Geschichte, aus der hervorgeht, warum „das Kind in den Brunnen gefallen ist". (Vielleicht erinnerst du dich an Josefs Geschichte ...?)

Weggeworfen

Ich wanderte am
Straßenrand entlang
– allein –
und fand
– allein –
dort ein
vergessenes
Kuscheltier.

Sieht eher eingegraben aus.

Die Welt ist grausam. Der arme Schmuser.

Das tut mir richtig weh. Für mich hatten meine Kuscheltiere immer eine Seele – und wehe, jemand hat sie nicht vorsichtig genug angepackt, dann wurde ich zur Bestie ;-).

Was wir machen

Reagieren:
Unter dem Foto steht, was Leute beim Betrachten spontan gesagt haben – gebt eigene Kommentare.

Erzählen:
Erzähl die Geschichte dieses Kuscheltiers.

Ersetzen:
Der Fotograf hat das Foto „Weggeworfen" genannt. Fällt dir ein anderer Titel ein?

Josef sitzt in der Falle ...

Sie haben es getan! Sie haben es wirklich getan! Meine Brüder haben mich in den Brunnen geworfen. Sind weggegangen. Haben mich allein gelassen.

Ich weiß, meine Brüder mögen mich nicht.
Aber ich mag sie auch nicht.
Sie sind zehn – und ich bin allein.
Sie haben eine andere Mutter als ich.
Ihre Mutter lebt. Meine ist schon tot.

Ich gebe zu, sie haben Grund,
mich nicht zu mögen.
Es scheint, dass Vater mich mehr liebt als sie.

Er schickt sie aufs Feld zum Arbeiten.
Mich behält er im Haus.
Er macht ihnen keine Geschenke.
Mir hat er einen bunten Mantel geschenkt.

Ich weiß auch nicht, warum ich meine Brüder
immer wieder ärgern muss.
Es ist aber so: Ich habe Träume.
In diesen Träumen geht es mir gut.
Ist es ein Wunder, dass ich sie erzähle?

Meine Brüder hassen meine Träume.
Sie sagen, ich bin ein Faulpelz und ein Angeber.

Sie haben es getan! Sie haben es wirklich getan! Meine Brüder haben mich in den Brunnen geworfen. Sie sind weggegangen. Sie haben mich allein gelassen. Und der Deckel ist zu.
Ich komme hier allein nie wieder raus!

Was wir machen

Lesen:
Lest zu zweit, was Josef im Brunnen denkt.
Die Sätze sind in der Mitte zerbrochen.
Eine liest die linke Seite, der nächste die rechte.

Deuten:
Was ist zerbrochen bei Josef?

… aber Ruben auch

Wir haben es getan! Wir haben es wirklich getan!
Meinen Bruder haben wir in den Brunnen
geworfen. Sind weggegangen.
Haben ihn allein gelassen.

Ich weiß, Josef
Vater liebt ihn
Ich bin der Älteste,
lieben! Aber Josefs
Josefs Mutter ist tot.

Ich gebe zu, wir
Aber er nutzt es aus,
Es spielt sich auf.

Ich muss immer
Josef darf
Meine Brüder sind
verstehen.

Ich weiß, ich muss
Aber wie? Wenn ich
dass sie's tun?
und lass es geschehen.
nachher …
Was tut Vater?
Er trauert

kann nichts dafür.
mehr als uns.
Ruben. Mich müsste er
Mutter ist nicht meine.
Und Vater trauert.

sind nicht fair zu Josef.
dass Vater ihn vorzieht.
Er macht sich wichtig.

vernünftig sein.
träumen.
sauer. Ich kann sie
Sie wollen ihn einsperren.

das verhindern.
heimlich … auch will,
Ich mache die Augen zu
Aber nachher …
ist es kein gutes Gefühl.
Vater trauert.
und ich bin untröstlich.

Ich habe es getan! Ich habe es wirklich getan …!
Jetzt ist der Brunnen leer.
Mein Bruder ist fort. Das wird nie wieder gut.

Was wir machen

Lesen:
Lest zu zweit, was Ruben denkt. Die Sätze sind in der Mitte zerbrochen. Eine liest die linke Seite, der nächste die rechte.

Deuten:
Was ist zerbrochen bei Ruben? Erläutere, warum man sagen kann, auch Ruben sei „in den Brunnen gefallen".

Schreiben:
Setze eine beliebige andere Person in den Brunnen und lege ihr „zerbrochene Sätze" in den Mund.

„Wenn alle Stricke reißen"

Wie Josef aus dem Brunnen kam und wie es mit ihm weiterging

Verkauft nach Ägypten ... Sklave ... Gefängnis ... Karriere ... Vorräte ... Hungersnot ... Josef kann helfen ...

Die Bibel erzählt, was Josef seinen Brüdern am Ende der Hungersnot sagte

Ihr gedachtet es böse mit mir zu machen, aber Gott gedachte es gut zu machen.

1 Mose 50,20

Was wir machen

Klären:
Erinnere dich oder benutze eine Kinderbibel: Schreibe mit den Stichworten oben Josefs Geschichte weiter.

Deuten:
Lies Josefs Rückblick (unten, 1 Mose 50,20): Erkläre, wie es kommt, dass er seinen Brüdern vergeben kann.

Wenden:
„Das wird nie wieder gut", sagt *Ruben,* als er „im Brunnen" sitzt. Sein Vater *Jakob* hat ein Leben lang Gottes Begleitung und Hilfe erfahren.
Schreib auf, wie Jakob Ruben trösten könnte.

Werten:
Manche Menschen, die sich schuldig fühlen und „im Brunnen" sitzen wie Ruben, wenden sich direkt an Gott: „Gott, sei mir gnädig, denn ich bin schwach; heile mich, Gott, denn meine Gebeine sind erschrocken und meine Seele ist sehr erschrocken." (Psalm 6).
Diskutiere den Sinn eines solchen Gebets.

„Du hast mich befreit!"

Menschen, die „in den Brunnen gefallen" sind, die Schuld auf sich geladen haben, Menschen, die nicht weiterwissen, die Angst haben und sich umzingelt fühlen – sie alle brauchen einen, der sie hört, der ihnen beisteht, sie rettet. In den Psalmen hören wir sie Gott um Hilfe rufen – und erleben mit, wie sie erhört werden:

Mein Gott, mein Gott, warum
hast du mich verlassen?
Ich schreie, aber meine Hilfe
ist fern! Psalm 22,2

Gewaltige Stiere haben mich umgeben,
mächtige Büffel haben mich umringt.
Ihren Rachen sperren sie gegen mich auf
wie ein brüllender und reißender Löwe.
Psalm 22,13f.

Ich bin ausgeschüttet wie Wasser, alle
meine Knochen haben sich voneinander
gelöst; mein Herz ist in meinem Leibe
wie geschmolzenes Wachs. Psalm 22,15

Aber du, Gott,
sei nicht ferne; meine Stärke,
eile, mir zu helfen! Errette
meine Seele vom Schwert,
mein Leben vor den Hunden. Hilf mir
aus dem Rachen des Löwen und vor
den Hörnern wilder Stiere.
Du hast mich erhört! Psalm 22,20-22

Was wir machen

Gestalten:
Bilder mit Worten malt der Text. Ihr könnt es anders machen: mit Klängen, Farben oder Gesten – gestaltet: „Ich bin umzingelt".

Wenden:
Wenn es dir so mies ginge – was würdest du tun? Tauscht euch aus.

MiT GOT
Ich preise dich, Herr; denn du hast mich aus der Tie[f] gezogen …

Kreuzung F:
Wie Menschen mit Gott reden

Kreuzung F: Was wir machen

„Was erwartet Gott von uns?",
haben Menschen Jesus gefragt.
„Dass ihr ihn liebt", antwortete Jesus.
„Und dass ihr eure Mitmenschen
ebenso sehr liebt wie euch selbst."
„Was können wir von Gott erwarten?",
fragen Menschen. Jesus lehrte,
dass Gott für jeden Menschen da sein
will, dass er ihn kennt und liebt,
auf ihn hört und sich erbitten lässt.

„Hör zu, Gott"
→ Ein multimedialer Sprachkurs
„Reden mit Gott"

Gut geeignet für einen Tag der Offenen Tür mit vielen Besucherinnen und Besuchern

Ihr braucht: „Steine" (echte oder aus Pappe oder Styropor), Pappe, Aufnahmegerät, Stoff, Decken, Dekomaterial, Papier, Stifte, Klebstoff, Bibeln für alle.

Verbinden:
Verschiedene Menschen wenden sich auf ihre Weise an Gott. Tut euch zu zweit zusammen und schlagt auf:

1 MOSE 28,16–22	2 MOSE 35,20–28	PSALM 30	HIOB 3

Findet Überschriften. Sucht auf der Kreuzung das passende Bild.

Klären:
Vergleicht eure Ergebnisse: Was tun die Menschen für Gott? Was wollen sie von Gott?

Probieren:
Vier Ecken des Raums werden als Begegnungs-Orte „Gott und Mensch" dekoriert, zum Beispiel als A. Ehrenplatz (Zelt, Haus, Thron), B. Gabentisch (mit Geschenkschachteln und Bildern), C. Sprachrohr für Lob, Gruß, Dank, Bitte, D. Klagemauer aus Sorgen-, Kummer-, Angststeinen.

Begehen:
Die vier Begegnungsorte werden gemeinsam begangen – auf Socken; die Gestaltungen werden in Ruhe betrachtet; weitere Beiträge sind erwünscht. Vielleicht einigt ihr euch auf einen Gebetsruf oder eine Liedzeile, die jeweils das Kommen und Gehen begleitet?

16 Gott ist ein Gott, der mitgeht

Das ist Bermit. Ich geb's ja nicht gern zu: Aber ich brauch ihn. Bermit tröstet mich, wenn ich traurig bin. Er macht mir Mut. Bermit ist ein treuer Freund.

Warum er Bermit heißt? Eigentlich war das ein Missverständnis. Früher, als ich klein war – wenn wir weg wollten oder so – da hab ich immer gesagt: „Bär mit!“ Daraus entstand sein Name. Ich finde, es passt.

Im sechzehnten Schritt wird klar:
dass viele große Leute klein
angefangen haben.
Allein hätten sie es nie geschafft.

Im sechzehnten Schritt lernst du
Mose kennen, der ein Volk in die
Freiheit führte – weil Gott
ihm sagte, wo es langgeht.

Herausragend

Was wir machen

Raten:
Das ist eine Statue des berühmten Bildhauers Michelangelo. Unterhaltet euch darüber.
Was für eine Persönlichkeit mag da dargestellt sein? Begründet eure Meinung mit Einzelheiten der Gestaltung.

Probieren:
Baut lebende Standbilder. Einige von euch sind „Material", die anderen formen. Dazu müsst ihr euch zuerst darüber klar werden, welche Haltung eure Statue einnehmen soll und welchen Eindruck sie machen soll.

Erzählen:
Anschließend erzählen die „Statuen", wie man sich fühlt – auf dem Podest.

Auffallend

Dies ist dieselbe Persönlichkeit – weniger ruhig. Der berühmte Maler Rembrandt hat „Mister M.“ in heftiger Bewegung gemalt.

Was wir machen

Betrachten:
Sieh dir das Gesicht des Mannes an. Was drückt es aus? Erkennst du, was „Mister M.“ tut?

Vergleichen:
Vergleiche die beiden Darstellungen. Was ist gleich? Was ist anders?

Festhalten:
Was hast du jetzt für einen Eindruck von „Mister M.“?

Klein angefangen

Was wir machen

Betrachten:
Schau dir die Frauen an, ihre Gesichter, ihre Hände: Was empfinden sie für das Kind? Was sagen sie zueinander?

Bedenken:
Überlegt, was ein neugeborenes Kind alles nicht kann. Was braucht es? Welche Mittel hat es, um das, was es braucht, zu bekommen?

Sammeln:
Der Kleine ist ebenfalls „Mister M." – Schreib für das Kind im Binsenkorb eine Prophezeiung: „Heute ... später einmal".

Das ist der Nil. Im Wasser, hinter Schilfgras,
schwimmt ein Körbchen.
Drei Frauen haben es gefunden.
Eine davon ist eine ägyptische Prinzessin.
Den Kleinen hat die Mutter ausgesetzt.
Sie musste ihn verstecken.
Soldaten des ägyptischen Herrschers
waren hinter ihm her.

Da ist er wieder: Mister M. Er ist Hirte geworden.

Er hütet Schafe. Das taten viele. Aber eines Tages hat er eine Begegnung, die sein Leben verändert. Es beginnt mit einem Dornenbusch, der brennt.
Er steht in hellen Flammen. Aber er verbrennt nicht.

Was wir machen

Lösen:
Manche von euch wissen jetzt, wer „Mister M." ist. Drei Dinge haben es euch verraten: das Körbchen auf dem Nil, der brennende Dornbusch und zwei schwere Tafeln aus Stein. Prägt euch diese drei Dinge ein.

Klären:
Besucht Mose – schreibt seinen Lebenslauf in euren Ordner.

„Zieh deine Schuhe aus!"

Der Dornbusch brennt.
Er verbrennt nicht.
Verwundert tritt der Mann näher.
Da hört er eine Stimme.
Sie ruft seinen Namen.
„Mose! Mose!" „Ja", sagt er. „Hier bin ich."
Die Stimme spricht weiter.
Sie klingt nicht wie ein Mann. Sie klingt nicht wie eine Frau. Sie klingt anders.
„Zieh deine Schuhe aus.
Der Boden, den du betreten willst, ist heilig."
Barfuß geht Mose weiter.
Und wieder hört er die Stimme. „Ich bin der Gott, der Abraham begleitet hat. Ich bin der Gott, der Jakob begleitet hat. Ich bin der Gott, der bei Josef war, als er im Brunnen saß."
Mose nimmt seinen Mantel und verhüllt sein Gesicht.
„Du bist so groß, Gott", denkt er. „Ich kann es nicht wagen, dich anzusehen."
Die Stimme spricht weiter. „Jetzt will ich dich begleiten und alle Nachkommen von Abraham und Jakob. Denn ich weiß: Hier in Ägypten geht es euch nicht gut.
Ich will, dass ihr nach Hause geht, in das Land von Abraham und Jakob.
Und du, Mose, du sollst der Anführer sein." „Ich?", sagt Mose erschrocken. „Aber kann ich das denn?"

Martina Steinkühler

Was wir machen

Klären:
Seht euch das Bild an:
Was mussten Moses Leute in Ägypten tun?

Probieren:
Was für einen Unterschied macht es, ob man Schuhe anhat oder barfuß geht? Probiert es auf Sand, auf Gras, auf Steinen usw.

Antworten:
Was kann Gott Mose auf seine letzte Frage antworten? Schreib es auf.

Begleitet

Der Weg aus Ägypten in Abrahams Land
führt durch die Wüste.

Sie hätten verdursten können.
Sie hätten verhungern können.
Sie hätten verzweifeln können.

Aber Mose ging voran.
Und vor Mose ging Gott.
Und so ist es gelungen.

Gott hat Mose seinen Namen gesagt:
Ich bin, der ich bin,
und ich bin für euch da.

Er breitete eine Wolke aus, sie zu decken,
und ein Feuer, des Nachts zu leuchten.
Sie baten, da ließ er Wachteln kommen,
und er sättigte sie mit Himmelsbrot.
Er öffnete den Felsen, da flossen Wasser heraus,
dass Bäche liefen in der dürren Wüste.
Denn er gedachte an sein heiliges Wort
und an Abraham, seinen Knecht.

Psalm 105,39–42

Was wir machen

Deuten:
Gottes Name „Ich bin, der ich bin, und ich bin für euch da" ist ein sprechender Name. Erläutere, was er sagt und wie er zu dem passt, was Gott für Mose und sein Volk getan hat.

Klären:
Was bedeutet: „heilig"?
Denk an Moses Verhalten am Dornbusch.
Besuche „heilig".

Gespielt?

Installation in der Münsterbasilika in Bonn, Advent 2001

Was wir machen

Klären:
Ein Gottesdienstbesucher fragt dich anschließend, was denn die Installation mit dem „brennenden Busch" zu bedeuten hatte. Erkläre es ihm.

Deuten:
Der Text endet mit Fragen. Schreib ihn weiter, so dass Antwortversuche deutlich werden.

Gestalten:
Schreibt den Gottesnamen auf ein großes Poster – jede und jeder darf dazuschreiben oder – malen, was dieser Name (ihr, ihm) bedeuten kann.

Wenden:
Sieh dir noch einmal die Mose-Bilder dieses Schritts an; wähle eines aus und begründe deine Wahl. Erläutere dein eigenes Mose-Bild.

Eine wirklich „lebendige" Weihnachtspredigt fand vor einigen Jahren in Bonn statt: In Szenen wurde dargestellt, wie Menschen Gott begegnet sind und was sie von ihm erfahren haben. Eine der Szenen ist oben auf dem Bild zu sehen.

Ein moderner Mensch schaut zu und fragt: „Und heute? Hat Gott uns heute auch etwas zu sagen? Wie ist das mit „Ich bin für dich da" und mit: „Ich habe das Elend gesehen" – heute?

17 P.S.: Ich lieb dich

Im siebzehnten Schritt wird klar:
Liebe hat viele Gesichter
und einen eigenen Willen.

Im siebzehnten Schritt lernst du
Rahel und Lea kennen – und einen,
der sie *beide* liebte.

Liebe und ... Liebe

Was wir machen

Klären:
Lest den Text. Gebt „ihm" einen Namen und überlegt: Wer liebt ihn? Wer liebt ihn nicht?

Sammeln:
Findet kurze Sprüche: „Liebe ist ..."; sammelt sie an der Tafel.

Schreiben:
Denk dir eine Geschichte aus: „Er" und das Mädchen, das ihm den Rücken zukehrt. In welcher Zeit spielt sie?

Deuten:
Angenommen, du bist „er" – Was sagst du zu den „Liebeserklärungen" der Mutter, der Schwester, des Vaters? Antworte ihnen.

„Keiner liebt mich", sagt er.

„Doch", sagt seine Mutter.
„Oma, Opa, Tante Gela,
Onkel Hans, deine Schwester,
dein Vater und ich."

„Keiner liebt mich", sagt er.

„Doch", sagt seine Schwester.
„Ich finde dich erträglich.
Aber nur, wenn du nicht nervst."

„Keiner liebt mich", sagt er.

„Doch, schon", sagt sein Vater.
„Wenn du keine Fünfen schreibst."

„Keiner liebt mich", sagt er –
und starrt auf ihren Rücken.

Das Herzgeschenk

Eine Bettlerin saß Tag für Tag am selben Platz und streckte den Menschen, die vorübergingen, ihre leere Hand entgegen. Viele gingen einfach vorbei. Aber manche legten auch eine kleine Münze in die Hand. Was auch geschah: Die Frau blieb starr und unverändert sitzen. Niemals bewegte sie sich. Niemals sah sie auf. Und niemals lächelte sie.

Einmal kam ein berühmter Dichter mit einer Bekannten vorbei. Er sah die Bettlerin. Aber er gab nichts. Seine Freundin fragte ihn: „Warum gibst du ihr nichts?" Er aber ging weiter und sagte: „Man müsste ihrem Herzen geben, nicht ihrer Hand."

Aber am nächsten Morgen gab der Dichter der Bettlerin ______ Behutsam legte er sie in ihre Hand. Da bewegte sich die Frau zum ersten Mal. Sie stand auf. Sie lächelte. Sie sagte: „Danke."

Nach einer Erzählung von H. Franck

Was wir machen

Spielen:
Eine oder einer von euch nimmt die Position der Bettlerin ein. Die anderen gehen schweigend vorüber. Die „Bettlerin" verhält sich so, wie es im Text beschrieben wird.

Wenden:
Erzählt, wie ihr euch gefühlt habt: beim Vorbeigehen, beim „Betteln". Die Szene soll ein zweites Mal gespielt werden – aber diesmal verhaltet ihr euch so, wie ihr es gut findet. Was ändert sich?

Füllen:
Was könnte der Dichter der Bettlerin geschenkt haben? Wie kommst du darauf?

Deuten:
Warum heißt die Geschichte „Das Herzgeschenk"?

Liebeskummer

SMS-Sprüche zum Thema „Liebeskummer"

Mit den Flügeln der Zeit fliegt die Traurigkeit davon.

Liebe ist groß, Liebe ist klein,
Liebe lässt Menschen oft allein.

Wenn ich gewusst hätte,
dass unsere Liebe ins Wasser fällt,
dann wäre ich ein Fisch geworden.

Ich bin entzückt …
nur werde ich langsam
verrückt.

Warum hast du mich statt in die Arme
auf den Arm genommen?

Ich lausche dem Wind und
höre unsere Lieder.
Ich schau auf die Uhr –
wann seh ich dich wieder?

Ein Herz kann brechen. Aber es schlägt weiter.

Wenn du das liest, bin ich fort.
Irgendwo, an einem verlassenen Ort.
Doch eines noch will ich dir geben.
Meine Liebe und meinen Segen.

Aus Liebe zu dir habe ich auf mich verzichtet.
Es wäre besser gewesen,
ich hätte aus Liebe zu mir auf dich verzichtet.

Ich fühle mich tot, tief in mir drin,
und nur der Schmerz lässt mich merken,
dass ich lebendig bin.

Fast alle Menschen werden ein- oder mehrmals im Leben das Opfer von Liebeskummer. Die Situation des „gebrochenen Herzens" wird in der Medizin nur bedingt zur Kenntnis genommen, obwohl die Folgen von echtem Liebeskummer schwerwiegend sein können: schwere körperliche Erkrankungen bis hin zum Selbstmord oder Mord. Liebeskummer ist in seinen Auswirkungen vielen anderen Verlustformen, wie z.B. dem Tod von Freunden oder Verwandten, sehr ähnlich.

Was wir machen

Rufen:
Die SMS werden laut gelesen, von verschiedenen Sprechern aus verschiedenen Ecken, zuerst der Reihe nach, dann durcheinander.

Wählen:
Stellt eine Hitliste auf: „Die coolste Liebeskummer-SMS". Wählt anschließend noch einmal: „Die wahrste Liebeskummer-SMS" – Vergleicht und besprecht das Ergebnis.

Gestalten:
Findet euch zu Gruppen um je eine der SMS zusammen. Gestaltet die Aussage eurer SMS im Bild.

Schreiben:
Verfasse eine eigene SMS über Liebe oder Liebeskummer.

Wenden:
Wie sieht der Verfasser eines Lexikonartikels die Liebe? Der Text im Kasten gibt dir einen Eindruck: Was sagt dagegen ein verliebter Junge/ ein verliebtes Mädchen?

Sieben Tage ...

Rahel
Labans Tochter.
Labans *jüngere* Tochter.
Jakob liebte sie.
Er wusste nicht, warum.
Er wusste, er würde alles für sie tun.
„Sieben Jahre“, sagte Laban.
„Diene mir sieben Jahre. Dann gebe ich sie dir.“

Jakob sagte ja.
Es fiel ihm nicht schwer.
Sieben Jahre.
Es kam ihm vor wie sieben Tage.
So lieb hatte er sie.

Was wir machen

Klären:
Jakob ist auf seiner Flucht vor Esau zu seinem Onkel Laban gekommen. Er hütet für ihn seine Herden – und verliebt sich. Was ist bei dieser Liebesgeschichte aus „Urzeiten" anders als heute?

Probieren:
Mit einer Uhr mit Sekundenzeiger könnt ihr ausprobieren, wie unterschiedlich lang zwei Minuten sind.
Geht hinaus auf den Schulhof und rennt: Wie weit kommt ihr in zwei Minuten?
Denkt euch weitere Übungen aus: Zwei Minuten auf einem Bein ... zwei Minuten still sitzen und schweigen.

Deuten:
„Warum machst du das bloß?", fragt Labans Knecht, als er Jakob schuften sieht.
Jakob antwortet: „ ..."

Nach sieben Jahren
gibt Laban ein Fest.
Er schenkt Wein aus und
lädt viele Gäste.
Es wird gegessen,
gesungen, gelacht.
„Mein Neffe und meine
Tochter“, ruft Laban.
„Von nun an sind sie
ein Paar!
Und was Gott verbindet,
soll kein Mensch je
scheiden.“
Jakob nickt. Wäre Rahel
endlich an meiner Seite!

Drinnen wartet die Braut. Erst nachts darf Jakob zu ihr.
Das Mädchen in Jakobs Haus trägt einen Hochzeitsschleier.
Haar und Gesicht sind darunter versteckt.
„Meine Frau“, ruft Jakob glücklich.
„Trau mir. Denn keine ist mir lieber als du.“
Da merkt er: Das Mädchen unter dem Schleier weint.
„Rahel“, sagt er und setzt sich zu ihr.
„Du schenktest mir ja deine Locke.
Und dennoch ... willst du mich nicht?“

Was wir machen

Erzählen:
Was gehört bei uns zu einer Hochzeit dazu?

Vergleichen:
Was ist bei Jakobs Hochzeit anders, als du es kennst?

Was wir machen

Klären:
Als Jakob Laban verließ, um sich mit seinem Bruder Esau zu versöhnen, hatte er zwei Frauen bei sich, Lea und Rahel. Zu der damaligen Zeit war das nicht ungewöhnlich. Die Frauen waren „versorgt", nach den Herzen fragte man nicht. – Betrachte Schritt 15: Gab es mit Jakobs Doppel-Ehe Probleme ...?

Tauschen:
Lass die Herzen sprechen: Jakobs, Rahels, Leas – was sagen sie?

Diskutieren:
„Verliebt, verlobt, verheiratet" – ein alter Zopf? ein Traum?

Lea und Rahel

„Sie will dich", sagt das Mädchen. Endlich hebt sie den Schleier. „Aber ich will dich auch." Da sieht er:
Es ist Lea, die ältere Schwester. „Nein", ruft Jakob voll Ärger und Schmerz. „Was soll das? Ich wurde betrogen!"

Jetzt weißt du, wie Esau sich fühlt, sagt in ihm eine leise Stimme.
Er weiß nicht: Kommt sie von Gott?

Zögernd fasst er nach Leas Hand. „Warum?", fragt er. „Was habt ihr getan?"
„Ich bin die Erste", sagt Lea. „Und die Erste heiratet erst, die Zweite muss folgen, denn so ist es Brauch und so hat es der Vater bestimmt."
„Und Rahel?", fragt Jakob. Lea antwortet fest: „Ich soll dir von Rahel sagen, sie liebt dich wie mich und du sollst dich fügen."

Martina Steinkühler

18 Geschwister!

War kein guter Tag heute.
Streit in der Schule.
Stress mit der Lehrerin.
Schlechte Note im Diktat.
Mama. Mama nun wieder
im Treppenhaus.
Ja, der Erkan macht uns schon
manchmal Sorgen.
Aber, wissen Sie, er ist ja so
ein guter Sohn …

Ich steh vor dem Spiegel und
denk: Zum Kotzen!

Im achtzehnten Schritt wird klar:
Wut kann zerstören und
Eifersucht macht blind.

Im achtzehnten Schritt erfährst
du von Kains Eifersucht auf Abel –
und was die Bibel davon weiß.

Was wir machen

Betrachten:
Stell dir einen Außerirdischen vor, der von einem vollkommen gewaltfreien Planeten kommt. Erkläre ihm das Bild.

Probieren:
Zu zweit: Einer von euch ist der Außerirdische, einer ist die Person mit der Faust auf dem Bild: Denkt euch kurze Szenen aus und spielt sie vor.

Wenden:
Was muss geschehen, damit die Faust sich öffnet? Was macht sie dann?

Warum ich sauer bin

Ich habe manchmal das dumme Gefühl,
die Leute stecken mich in Schubladen.
Aber da pass ich nicht rein.
Und dann werd ich sauer!

Was wir machen

Betrachten:
„Das Bild sieht unheimlich aus“, sagte ein Mädchen, als es das Schubladen-Bild anschaute. Erkläre, wie sie darauf kommt.

Probieren:
„Die Leute stecken mich in Schubladen ...“ – Nenne Beschriftungen für solche Schubladen.

Wenden:
Wann wirst *du* sauer? Schreibe Wenn-Sätze: „Wenn ..., bin ich sauer“.

Gestalten:
Bringt diese Sätze in der Klasse zum Klingen, z.B. ruft eine ihr „Wenn ...“ – und die Gruppe fällt ein: „ ... bin ich sauer“.

Immer ich

Was wir machen

Probieren:
Geht als „hässliche Entlein" im Klassenzimmer umher. Wie geht man da? Wie fühlt man sich?

Klären:
Im Märchen gibt es eine Menge elender Gestalten: Aschenputtel, die Goldmarie, Hänsel und Gretel, Schneewittchen. Am Ende sind sie glücklich. – Unterhaltet euch in kleinen Gruppen: Wie machen die das? Schreibt Stichworte auf. Anschließend werden die „Erfolgsrezepte" verglichen und bewertet.

Wenden:
Du hast eine Freundin/einen Freund, der sich selbst für ein „hässliches Entlein" hält – schreib ihr oder ihm, was du davon hältst.

Sprüche

„Jeder denkt nur an sich –
und wo bleibe ich?"

„Einer ist immer der Dumme –
und das bin ich."

„Die im Dunklen sieht man nicht."

„Bin ich euer Hampelmann?"

„Alle trampeln auf mir rum."

„Was bin ich bloß
für ein hässliches Entlein …"

Immer du, nicht ich

Was wir machen

Verbinden:
Das hässliche Entlein sieht den stolzen Schwan: Was denkt es?

Übertragen:
Warst du schon mal eifersüchtig?
Um was ging es da?

Aufstellen:
Alle Kinder, die (nur) ein Geschwister haben, kommen nach vorn. Sie bilden zwei Gruppen – die jüngeren Geschwister „gegen" die älteren Geschwister. Die jüngeren Geschwister rufen: Ihr dürft immer alles! (usw.) Die älteren Geschwister rufen: Ihr lauft immer gleich zu Mama! (usw.) Der Rest der Klasse ist Schiedsrichter. Wie könnten sich die Gruppen einigen?

Kain ...

Was glaubst du?, sprach eines
Abends Eva zu Adam.
Welchen unserer beiden Söhne
hat Gott wohl am liebsten?
Sie sagte das, weil sie
stolz war auf beide.

Er hat beide gleich lieb,
sagte Adam sofort. Auch er
war gleich stolz auf beide.
Kain aber hatte gehört,
was die Eltern sagten.
Er behielt es in seinem Herzen
und es nagte in ihm.
Wen von uns, Gott, hast du lieber?,
fragte Kain morgens und abends.
Und passte gut auf.
Hast du nicht gerade Abel
freundlicher angelächelt als mich?
Hast du vorhin vertraut
mit Abel gesprochen –
zu mir aber fremd?
Pass auf, sagte Gott zu Kain,
wer anfängt, die Liebe
zu messen, zu zählen, zu prüfen,
der wird nicht mehr froh.
Wer aber traurig ist,
der wird ungerecht und
macht vielleicht
schlimme Fehler.

Da nagte es noch mehr in Kain.
Gott hat mich ermahnt,
dachte er. So hat er zu Abel
noch niemals gesprochen.
Und er fing Streit an mit Abel
und schlug auf ihn ein –
und am Ende war Abel ... TOT.

Was wir machen

Klären:
Dies ist eine uralte Geschichte der Bibel. Adam und Eva sind dort die ersten Menschen. Ihr Sohn Kain ist der erste Mörder. – Lies genau: Beschreibe, wie dieser Mord entsteht.

Deuten:
Eine so alte Geschichte – heute in deinem Schulbuch: Diskutiere, ob das Sinn macht.

Ändern:
Halt die Geschichte da an, wo der Mord noch zu verhindern wäre. Erzähl sie dann anders zu Ende.

… und Abel

Kain, wo ist dein Bruder Abel?,
fragte Gott, als das Unheil geschehen war.
Kain war vor lauter Traurigkeit bitter und hart.
Weiß ich doch nicht!, sprach er zornig.
Soll ich auch noch auf Abel achten?
Soll ich meines Bruders Hüter sein?

Die Erde, sprach Gott, hat das Blut deines
Bruders getrunken. Sie wird keine Früchte
mehr tragen für dich.
Geh fort, weit fort, denn auch deine Eltern
werden dich nicht mehr ertragen.

Und du, Gott?, flüsterte Kain.
Gott schwieg. Wie salziges Wasser aber fiel
es auf Kain und blieb ihm auf der Stirn.
Du weinst?, sagte Kain. Jetzt weiß ich:
So sehr hast du Abel geliebt. Ich weine,
sprach Gott, vor allem um dich.

Geh jetzt, Kain, geh weit fort.
Du kannst hier nicht länger bleiben.
Du gehst einen langen Weg
voller Leid und Gefahren.
Ich gehe … allein?, fragte Kain.
Dein Bruder ist tot, sagte Gott.
Ich werde sterben, sprach Kain.
Nein, sagte Gott, denn auf der
Stirn trägst du ja mein Zeichen.

Martina Steinkühler

Was wir machen

Deuten:
Beschreibe, wie sich Kain nach dem Mord verhält. Wie verhält sich Gott? Sag auch, was dich wundert.

Vergleichen:
Wie wird die Geschichte in der Bibel erzählt? Lies 1 Mose 4,3–15. Wie wird sie hier gedeutet?

Betrachten:
Ordne zu: Welcher Abschnitt des Textes ist im Bild gestaltet?

Liebe ist größer

Ach Gott,
wenn Kain doch gewusst hätte,
dass du ihn liebst!
Wenn Kain doch gewusst hätte,
dass deine Liebe für alle reicht!

Ach Gott,
wenn wir doch wüssten,
dass du uns liebst!
Und dass es genug Liebe
auf der Welt für alle gibt.

Wenn ich es doch
glauben könnte ...

Was wir machen

Gestalten:
Zu viert: Malt eine „heile Welt".

Wenden:
Wo von großen Worten wie „Liebe" oder „heile Welt" die Rede ist, winken viele gleich ab – Nennt Gründe, Gefahren, überlegt, was zu sagen und zu tun wäre.

Deuten:
Der Text neben dem Bild ist ein Gebet. Beschreibe in deinen Worten, was der Betende von Gott erwartet.

Probieren:
Fasse deine eigenen Gedanken über die Geschichte von Kain und Abel in ein Gebet. Entscheide selbst, wer dieses Gebet spricht.

Die Liebe ist langmütig und freundlich,
die Liebe eifert nicht.
Sie erträgt alles,
sie hofft alles, sie duldet alles.

Bibel, 1. Korintherbrief 13

19 Ich war fremd

„Türke“, sagen sie zu mir.
„Was willst du hier?“
Aber hier kenn ich mich aus.
Im Sommer, in der Türkei,
da hab ich mich
dauernd verlaufen.
Sie lachten mich aus
und sagten: „Deutscher!“

Im neunzehnten Schritt wird klar,
dass Fremde Freunde brauchen.

Im neunzehnten Schritt
lernst du Rut kennen,
die ihre Heimat in der Fremde fand.

Überall fremd

Was wir machen

Deuten:
Das Bild ist im Unterricht entstanden. Die Klasse hat darüber gesprochen, was „Fremde" sind. Welche Antworten gibt das Bild?

Gestalten:
Zu zweit: Überlegt euch kleine Szenen zum Thema: „Zwei Fremde begegnen sich." – Spielt sie vor und sprecht über eure Beobachtungen.

Wenden:
Nehmt Stellung: „Fremd ist spannend" – „Fremd macht Angst".

Jeder Mensch ist ein Fremder – fast überall.

Selbst fremd

Im Internet finden sich eine Menge Tipps zum Thema „Lerne dich selber besser kennen".

„Lass dir aus der Hand lesen."

„Stell dein Foto ins Internet und lass dich bewerten."

„Frag einen Psychologen."

„Schau in den Spiegel."

„Frag deine Lehrer."

„Frag jemanden, der dich gern hat."

Was wir machen

Prüfen:
Lest die Tipps und diskutiert: Was ist nützlich, was sinnlos, was sogar schädlich?

Spielen:
„Nur Gutes": Jede/jeder schreibt auf einen Zettel ihren/seinen Namen. Die Zettel wandern durch die ganze Klasse und alle schreiben der/dem, deren/dessen Name auf dem Zettel steht, ein Kompliment („Du bist meistens gut gelaunt." – „Deine Brille gefällt mir" usw.). Wenn alle Zettel wieder beim Absender angekommen sind, werden sie gelesen. – Nimm Stellung: Erkennst du dich selbst?

Bloß weg ...

Das folgende Lied singt davon, dass die Nachkommen der Israeliten, die einst mit Jakob und Josef nach Ägypten kamen, wieder heim wollen. Entstanden ist das Lied aber viel später, bei den afrikanischen Sklaven, die in Nordamerika Zwangsarbeit leisten mussten.

Was wir machen

Singen:
Sprecht/singt das wiederkehrende „Let my people go!" so, dass es wirklich drängend klingt.

Klären:
Auf Seite 152 gibt es eine Abbildung, die zeigt, was das Volk Israel in Ägypten zu erleiden hatte. Erzähle, wie die Geschichte weitergeht. Besuche auch Passa.

Wenden:
„Die Fremdlinge sollst du nicht bedrängen und bedrücken; denn auch ihr seid Fremdlinge in Ägyptenland gewesen." –
Dieses Gebot steht im 2. Buch Mose (22,20). Erkläre, wie hier argumentiert wird.

Gestalten:
Menschen erleiden Unfreiheit und Unterdrückung auf unterschiedliche Weise. Malt den Wandfries von Seite 152 weiter, indem ihr die Motive abzeichnet und weitere hinzufügt – bis in unsere Zeit.

Als Israel in Ägypten war ...

Let my people go!

Das Joch nicht zu ertragen war ...

Let my people go!

Geh hin, Mose, geh ins Ägypterland;
sag König Pharao:

Let my people go!

Nach Hause

Wo du hingehst,
da will ich auch hingehen.

Wo du bleibst,
da bleibe ich auch.

Dein Volk ist mein Volk
und dein Gott ist mein Gott.

Rut 1,16

Was wir machen

Probieren:
Zu zweit: Sprecht euch die neben dem Bild stehenden Worte gegenseitig zu. Kommt dazu nach vorn. Unterstreicht die Worte mit einer passenden Haltung und Geste.

Gestalten:
Bilde die Haltung ab, die sich in den Worten ausdrückt: zum Beispiel geknetet, getöpfert, im Schattenspiel, im Legebild mit Naturmaterialien.

Klären:
Besuche ⁂ Rut. Bereite dich darauf vor, Ruts Geschichte zu erzählen.

Deuten:
Was erzählt das Bild über Rut und Noomi?

+ STOPP – Was wir jetzt können + + + STOPP – Was wir jetzt können + + + STOPP – Was wir jetzt können +

Folgende Aufgaben kannst du lösen:

1. Ein Bekannter fragt dich: „Glaubst du an Gott?" Erkläre ihm, was für dich „Gott" bedeutet, was für dich „Glauben" bedeutet, und beantworte dann seine Frage.

2. Ein Mordfall erschüttert die Stadt, in der du lebst. Viele Menschen versammeln sich zu einem Gedenkgottesdienst für das Opfer. „Sonst gehen sie nie zur Kirche – warum jetzt?", fragt eine Bekannte. Versuche eine Antwort.

3. Nach einem Fernsehbericht über Tierquälerei in Schlachtbetrieben entscheidet sich deine Schwester, kein Fleisch mehr zu essen. Nenne religiöse Gründe, die für sie eine Rolle spielen könnten – widersprich, wenn du willst.

4. Eine Mutter verabschiedet ihren Sohn jeden Morgen mit den Worten „Bleib behütet" – erkläre, welche religiöse Vorstellung sich damit verbindet.

5. Man sagt es so dahin: „Gott sei Dank", „Oh mein Gott!" – erkläre, was das, ernst genommen, für einen Christen bedeutet.

6. Wenn erwachsene Männer eine Kirche betreten, nehmen sie in der Regel ihre Kopfbedeckung ab – erläutere diesen Brauch und nimm dazu Stellung.

7. „Gott mit uns" – so stand es im ersten Weltkrieg auf den Waffen. Erörtere die Vorstellung, die dahinter steht. Wie denkst du darüber?

8. Viele Juden haben eine religiöse Beziehung zu ihrem Land: Nenne Beispiele aus der Bibel, die eine solche Beziehung verständlich machen.

9. „Schöpfung in sieben Tagen?", sagt Paul. „Was für ein Unsinn!"
   Erkläre seine Position und stelle deine eigene Position dazu vor.

10. Manche Umweltorganisationen führen in ihrem Logo den Regenbogen oder die Arche Noah – erkläre, worauf sie aufmerksam machen.

11. „Die Würde des Menschen ist unantastbar", heißt es im Grundgesetz.
    Begründe diesen Satz religiös – mit dem, was du über den Gott der Bibel weißt.

12. In den Harry-Potter-Romanen wird der „oberste Böse" nur selten beim Namen genannt. Stattdessen heißt er „Er, der nicht genannt wird" o.Ä. – Vergleiche dies mit dem, was du über Gottes Namen weißt.

+ STOPP – Was wir jetzt können + + + STOPP – Was wir jetzt können + + + STOPP – Was wir jetzt können +

20 Warum rennen sie so?

Erkan: Fünf. Heute waren es fünf.
Lisa: Wovon redest du?
Erkan: Fünf Leute, die sich vorbeigedrängelt haben, anstatt der Frau mit dem Kinderwagen beim Einsteigen in die Bahn zu helfen.
Lisa: Und du?
Erkan: Ich war der Sechste …

Im zwanzigsten Schritt wird klar:
dass Hast das Miteinander stört.

Im zwanzigsten Schritt erfährst du,
wie Jona vor einem Auftrag wegrennt
und wie auf der Jagd nach Geld
Menschen zu leben vergessen.

Pause – und dann?

Was wir machen

Betrachten:
Vergleiche die beiden Schulhofszenen. Welche gefällt dir besser – warum?

Wenden:
Beschreibe, was bei euch auf dem Schulhof geschieht.

Werten:
„Jeder hat ein Handy am Ohr – aber gesprochen wird nicht." Nimm Stellung zu diesem Urteil. Diskutiere mit anderen.

Angefangene Gespräche

Was wir machen

Füllen:
Lest die angefangenen Gespräche. Keines von ihnen wurde weitergeführt. Findet Gründe. Nennt Gedanken dessen, der jeweils reden wollte.

Fragen:
Führt auf dem Pausenhof Interviews durch: Was tun die Leute auf dem Schulhof? Wie nutzen sie ihre Pausen? Wie nutzen sie ihre Freizeit?

Auswerten:
Sortiert die Antworten aus den Interviews: Wie viel Zeit verbringen die Befragten allein, mit anderen? Wie viel Zeit verbrauchen sie für sich, für andere?

Schreiben:
„Liebe ... , sag nicht immer, du hast keine Zeit. Ich ..." Schreib einem Menschen einen Brief; bitte ihn, mehr Zeit mit dir zu verbringen.

„Geld regiert die Welt?"

Einst machten Enten
einen Ausflug.
Sie gingen über Gras
und Stein und kamen
schließlich auch zu mir.
Mein letztes Geld lag
auf dem Tisch. Ein guter
Rastplatz, fanden sie.

Was wir machen

Deuten:
„Geld regiert die Welt?" – Die Enten sehen das anders ... Entfalte den Witz, der in diesem Foto steckt.

Gestalten:
Klebt eine Collage: „Was man für Geld nicht kaufen kann".

Wenden:
Untersucht zu zweit das Gespräch zwischen Jesus und dem jungen Mann: Worum geht es und was kommt dabei heraus? Vergleicht mit dem Bibeltext.

Einmal begegnete Jesus ein junger Mann, der sehr viel Geld hatte. „Aber das ist mir nicht genug", sagte er zu Jesus. „Nicht genug Geld?", fragte Jesus. „Doch, schon", sagte der junge Mann. „Aber einmal abgesehen von Geld – gibt es nicht noch mehr ...?" Jesus fand die Frage gut. Er schlug ihm vor, das Geld einfach wegzugeben – „Den Armen vielleicht", sagte er, „die können es gebrauchen." Der junge Mann ließ den Kopf hängen. Er fand, das sei keine Antwort.

Nach Markus 10,17–22

„Gold soll nicht euer Gott sein!"

Als Mose auf dem Berg war und mit Gott sprach, bekam das Volk Angst. „Er kommt nicht wieder", sagten sie. „Nicht nur Mose ist fort", sagten andere. „Sein Gott ist auch weg. Wir sind ganz allein." Da machten sie sich, weil sie nicht allein sein wollten, aus Goldschmuck ein Götterbild. Es sah aus wie ein Stier oder ein Kalb. „Seht ihr", riefen sie. „Das ist unser Gott!" Und sie tanzten vor Freude um ihren neuen Gott herum.

Als Mose vom Berg kam, hatte er die Tafeln mit den Geboten in der Hand, die Gott ihm gesagt hatte. Er sah, wie das Volk um ein Kalb aus Gold tanzte. Da schleuderte er die Tafeln vor lauter Enttäuschung zu Boden.

Nach 2 Mose 32

Was wir machen

Klären:
Suche in „RELi+ wir" das Bild von Mose, der die Gesetzestafeln zerbricht. Schau die Seite an und besuche Zehn Gebote. Finde heraus, warum Mose so enttäuscht ist.

Benennen:
Das Kalb ist „golden" – wie ist der wahre Gott?

Deuten:
Bis heute spricht man vom „Tanz um das Goldene Kalb", wenn Menschen die falschen Dinge wichtig nehmen. Nenne Beispiele.

„Überleg noch mal!"

Ein Figurentheater kündigt ein Stück über Jona an:

Was wir machen

Betrachten:
Der Schnitzer des oben abgebildeten Holzbildes hat Jona und den Fisch aus einem Stück geschnitzt. Beschreibe die Wirkung.

Klären:
Besuche den Treffpunkt Prophet und erkläre, was für eine Aufgabe Propheten haben.

Erzählen:
Jona erzählt im Bauch des Fisches, was ihm geschehen ist. Tu das für ihn; der Text des Theaters hilft dir.

Gestalten:
Im Bauch des Fisches soll Jona gebetet und gesungen haben. Schreibt ihm ein Gebet oder ein Lied – sprecht oder singt sie für ihn.

Erzählt wird die Geschichte des Propheten Jona aus dem Alten Testament.

Er entzieht sich dem göttlichen Auftrag, die Stadt Ninive vor dem Untergang zu retten, durch Flucht über das Meer. Sein Schiff gerät jedoch in Seenot, er geht über Bord. Kurz bevor er ertrinkt, kommt ihm ein großer Fisch zur Hilfe und verschluckt ihn. So wird Jona vor dem Ertrinken gerettet. Aber gleichzeitig ist er im Bauch des Fisches gefangen.

Was Jona erlebt, als er wieder aus dem Bauch des Fisches herauskommt, und wie die Stadt Ninive doch noch gerettet wird, das erzählt das Figurentheater …

Gott sagt: „Überlegt noch mal!"

Als Jona aus dem Fisch kam, lief er nach Ninive.
Er führte seinen Auftrag aus.

Gott hatte ihm gesagt: „Ruf den Leuten in Ninive zu: Ihr sollt nicht dem Gold dienen." Jona rief den Leuten in Ninive zu: „Bleibt stehen! Überlegt doch mal: Was macht ihr da? Ihr lauft ja den falschen Dingen nach. Habt ihr nicht viel Wichtigeres zu tun?"

Nach Jona 1,1+2

Was wir machen

Deuten:
Jona im Fisch – Jona draußen: Vergleiche die beiden Bilder; beschreibe, was Jonas Haltung ausdrückt.

Klären:
Besuche Jona und finde heraus, was mit Ninive los war.

Füllen:
Was sagt Jona den Leuten von Ninive noch?

Probieren:
Stell dich auf den Marktplatz von Ninive (Stuhl vor der Tafel); warne die Leute, dass sie ihr Leben vergeuden.

Gestalten:
Bereitet Jonas Rede als Rap auf. Welche Aussage eignet sich für einen häufig wiederkehrenden Refrain?

„Tut mir leid"

Was wir machen

Klären:
Wem haben die Leute von Ninive gesagt „Tut uns leid"? – Bedenke, wer Jona geschickt hat.

Forschen:
Im Internet gibt es verschiedene Anbieter digitaler Grußkarten, auch zum Thema: Entschuldigung. Sieh dir „Tut-mir-leid"-Karten an und mach dir Notizen: Welche Worte, welche Abbildungen werden gewählt, welche Stimmung vermitteln die Karten? Berichte darüber in der Klasse.

Gestalten:
Schreib für die Leute von Ninive eine „Tut-mir-leid"-Karte.

Probieren:
Wie kann man ohne Worte ausdrücken: Tut mir leid? Probiert verschiedene Körperhaltungen oder Gesten.

Diskutieren:
Was nützt das Sich-Entschuldigen? Was ist danach anders? Wovon hängt es ab, ob man sich dann wieder gut fühlt?

Es heißt:
Die Leute von Ninive
haben auf Jona gehört.
Sie haben nachgedacht
und gemerkt,
dass sie den falschen
Dingen nachlaufen.
Sie sind umgekehrt.
Sie haben gesagt:
„Tut uns leid."

21 Versprechungen

Erkan (zeigt auf einen Skater, der Zettel verteilt):
Was will der?
Lisa (bückt sich, hebt einen Zettel auf, liest):
Werden Sie glücklich!
Erkan: Wie?
Lisa (lauter): Werden Sie glücklich!
Erkan: Nein. Ich mein: Wie? Wie werde ich glücklich?
Lisa (liest wieder): Du sollst 120 Euro zahlen.
Erkan: Ach – und das macht glücklich?
Lisa: Dafür bekommst du einen Fitnesskurs.

Im einundzwanzigsten Schritt wird klar, dass Menschen viele Träume haben.

Im einundzwanzigsten Schritt lernst du Propheten kennen – und übst, die falschen von den wahren zu unterscheiden.

Seifenblasen

Was wir machen

Spielen:
Erzähle eine ungewöhnliche Geschichte. Die anderen raten, ob sie wahr oder falsch ist.

Gestalten:
Welche falschen Versprechungen würdet ihr gern glauben?
Gestaltet eine „Seifenblasen-Welt" – mit Worten oder auf Papier.

Klären:
Was sind Propheten – heute und in der Bibel?
Besuche Propheten.

Forschen:
Was für „Wahr-Sager" inserieren in Zeitungen?
Was bieten sie,
was verlangen sie?

Falsche Propheten machen falsche Versprechungen.
Falsche Propheten sagen, was die Leute hören wollen.
Falsche Propheten lügen das Blaue vom Himmel herunter.

Wahre Propheten
sagen die Wahrheit.
Wahre Propheten sagen,
was keiner hören will.
Wahre Propheten
werden selten geliebt.

Was wir machen

Deuten:
Welche der beiden Figuren ist der Prophet? Sagt er Angenehmes oder Unangenehmes?

Diskutieren:
„Wahre Propheten werden selten geliebt" – Muss das eigentlich so sein?

Prüfen:
Es gibt viele falsche Propheten. Überlegt, wie ihr sie entlarven könnt, und entwickelt eine Checkliste, um falsche Versprechungen zu durchschauen.

Saure Trauben

Da trat einer vor, damals, vor 2500 Jahren.
Sein Name war Jesaja.
Er spielte auf und tat so, als wolle er ein fröhliches Lied singen.

Wohlan, ich will meinem lieben Freunde singen,
ein Lied von meinem Freund und seinem Weinberg.

Mein Freund hatte einen Weinberg auf einer fetten Höhe.
Und er grub ihn um und entsteinte ihn und pflanzte darin edle Reben.
Er baute einen Turm darin und grub eine Kelter
und wartete darauf, dass er gute Trauben brächte.

Aber er brachte schlechte.

Jesaja legte das Instrument zur Seite und streckte den Finger gegen die Zuhörer aus, damals in Jerusalem, zur Zeit eines stolzen Königs.

Gottes Weinberg –
das seid ihr, seine Pflanzung,
an der sein Herz hängt.

Er wartete auf Rechtsspruch.
Siehe, da war Rechtsbruch.
Auf Gerechtigkeit.
Siehe, da war Geschrei über
Schlechtigkeit.

Was soll Gott damit anfangen?

Nach Jesaja 5,1–7

Was wir machen

Lesen:
Zwei von euch sind Jesaja: Der eine liest den „fröhlichen Jesaja", die andere den „strengen Jesaja".

Gestalten:
Findet eine klangliche Begleitung für den Vortrag der „beiden Jesajas".

Diskutieren:
„Ja, Jesaja hat Recht" gegen: „Was fällt ihm ein?" Führt den Streit vor einem „Gericht", das am Ende ein Urteil fällen soll: „Bekommt Jesaja Redeverbot?"

Unübersetzbar

Es gibt keinen
Gott außer Gott.
Mohammed
ist sein Prophet.

Mohammed lebte zusammen mit seiner Frau Khatidscha und seinen Kindern in Mekka, einer Stadt in der arabischen Wüste. Dort gab es Menschen verschiedener Sprachen und Sitten. Manche glaubten an einen einzigen Gott, manche an mehrere Götter und für einige gab es keine Gottheit. Mohammed und seine Frau glaubten an einen einzigen Gott. Jeder in der Stadt kannte sie als gute Menschen.

Jedes Jahr im Monat Ramadan zog Mohammed sich auf den Berg Hira zurück und dachte in einer Höhle über die Welt nach und über Gott. Er überlegte: „Wie kann ich die Menschen zu mehr Liebe und Geschwisterlichkeit einladen?"

Einmal war Mohammed wieder auf dem Berg Hira für sich allein. Da rief ihn eine Stimme: „Mohammed!" In der Dunkelheit war weit und breit niemand zu erkennen. „Wer ist da?", fragte er. Es kam keine Antwort. Plötzlich wurde es hell um ihn. Er verlor das Bewusstsein.

Als er wieder zu sich kam, sah er eine leuchtende Gestalt. Sie näherte sich ihm und forderte ihn auf: „Lies, im Namen deines Schöpfers und Versorgers, der dich erschuf, lies!" – „Ich kann nicht lesen", antwortete Mohammed. Daraufhin drückte das Wesen Mohammed fest an sich, bis ihm fast die Luft ausblieb. Dann sprach es wieder: „Lies, im Namen deines Schöpfers und Versorgers, der dich erschuf, lies!"

Aber Mohammed sagte wieder: „Ich kann nicht." Und ein drittes Mal sagte die Gestalt: „Lies, im Namen deines Schöpfers und Versorgers, der dich erschuf, lies!" Und auch dieses Mal konnte Mohammed es nicht.

Dann trug das Wesen selbst etwas vor, auf Arabisch, in Mohammeds Sprache. Es waren fünf Sätze. Als die Gestalt zu Ende gesprochen hatte, hörte sich Mohammed selbst diese fünf Sätze sprechen. In großer Aufregung lief er nach Hause. Unterwegs hörte er wieder die Stimme. „Du bist Mohammed, der letzte Prophet Gottes. Und ich bin der Erzengel Gabriel."

Mohammed hatte ähnliche Erlebnisse bald wieder. Er erzählte sie seinen Freunden. Sie schrieben die Worte des Engels auf und es entstand ein Buch – der heilige Koran.

Was wir machen

Lesen:
Lies die Geschichte, wie Mohammed Gottes Prophet wurde. Erzähl sie mit eigenen Worten.

Betrachten:
Was verrät dir die Abbildung der ersten Seiten des Korans über seine Bedeutung für die Gläubigen?

Klären:
Was ist das Besondere am Koran? Warum ist er nur auf Arabisch „echt"? Besuche den Treffpunkt Koran.

Vergleichen:
Vergleiche Mohammed mit Jesaja – was ist anders? Was ist ähnlich?

Deuten:
„Du bist der letzte Prophet", sagt der Engel. Das ist sehr wichtig. Besuche den Treffpunkt Islam und erkläre, was Mohammed von allen anderen Propheten des Islams unterscheidet.

Frieden

Propheten sagen Wahrheiten. Sie sagen, was ist. Sie sagen,
was sich ändern muss. Sie sagen auch,
wie es einmal sein kann – in einer besseren, einer heilen Welt.

Da werden die Wölfe bei den Lämmern wohnen
und die Panther bei den Böcken lagern.
Ein kleiner Junge wird Kälber und
junge Löwen und Mastvieh miteinander treiben.

Kühe und Bären werden zusammen weiden,
dass ihre Jungen beieinander liegen,
und Löwen werden Stroh fressen wie die Rinder.

Und ein Säugling wird spielen am Erdloch der Otter,
und ein entwöhntes Kind wird seine Hand
stecken in die Höhle der Natter.

Jesaja 11

Was wir machen

Gestalten:
Diese Worte malen ein Bild – mal du es auch oder gestalte eine Collage. Welchen Namen gibst du dem Ganzen?

Werten:
Blättere zurück: Falsche Versprechungen wurden als „Seifenblasen" abgetan. Beurteile Jesajas Glaubwürdigkeit.

Diskutieren:
„Träume sind Schäume", sagen die Nüchternen. – „Wer nicht träumt, kann nichts bewegen", sagen die Hoffnungsvollen.

Isais Spross

Jesajas Hoffnung auf eine heile Welt hat einen Rahmen:
Sie steht und fällt mit dem Versprechen eines wunderbaren Nachkommens *Isais*. („Reis" heißt: Spross, also: Nachkomme; Isai war der Vater des berühmten Friedenskönigs David.)
Christen glauben, dass sich dieses Versprechen erfüllt hat, als *Jesus Christus* auf die Welt kam.

Juden glauben, dass dieses Versprechen sich in Zukunft noch erfüllen wird.

Und es wird ein Reis hervorgehen
aus dem Stamm Isais
und ein Zweig aus seiner Wurzel
wird Frucht bringen.
Auf ihm wird ruhen der Geist Gottes,
der Geist der Weisheit und des Verstandes,
der Geist des Rates und der Stärke,
der Geist der Erkenntnis und der Furcht Gottes.

Jesaja 11

Was wir machen

Prüfen:
Tauscht euch (zu zweit, dann zu viert) über das aus, was ihr von Jesus Christus wisst – vergleicht mit dem, was über das „Reis aus Isais Stamm" gesagt wird. Vergleicht auch mit Weihnachtsliedern. Wie passt das alles zusammen?

Gestalten:
In der Weihnachtsgeschichte heißt es: „Und alsbald war da bei dem Engel die Menge der himmlischen Heerscharen, die lobten Gott und sprachen: „Ehre sei Gott in der Höhe, Frieden auf Erden bei den Menschen seines Wohlgefallens." Lest diese Worte abwechselnd mit Jesajas Worten von der heilen Welt – im Chor – Chor und Einzelner im Wechsel – durcheinander – als Kanon.

Jesus sagte zu mir: „Gehe hin, denn ich will dich ferne unter die Heiden schicken."
50
200
Im Christentum
die Zukunf
313

Kreuzung G:
Gottes Reich und Menschenkirche

„Jesus erzählte den Menschen von *Gottes Reich*, in dem Gott spürbar nahe ist und alle Menschen liebevoll miteinander umgehen. So soll es bei uns sein, sagten seine Nachfolger, die Christen. Wir blicken auf 2000 Jahre Kirchengeschichte zurück, auf viele große Namen und Persönlichkeiten – aber Gottes Reich auf der Erde ist längst nicht vollkommen.

Eine Zeitreise
→ Projektarbeit

Zur Vorbereitung empfiehlt sich ein Besuch in der Bücherei.

Betrachten:
Die Kreuzung greift Stationen der Kirchengeschichte heraus – die Reisen des Paulus, die Verfolgung der ersten Christen, den geschichtlichen Augenblick, als das Christentum legal wurde, die Geburtsstunde des Kirchenprotests. – Was erkennt ihr? Sprecht über eure Beobachtungen, tragt Vorkenntnisse zusammen.

Forschen:
Bildet Expertengruppen:

PAULUS AUF SEEREISE	ALS CHRIST IN DER KATAKOMBE	DIE RÖMER UND IHRE GÖTTER	EIN MÖNCH IM MITTELALTER

Besorgt euch Bilder und Informationen, z.B. im Internet, in der Bücherei; befragt Experten, wie eure Geschichtslehrerin: Wie lebte es sich? Was aß man? Was hofften, was fürchteten die Menschen?

Füllen:
Eure Präsentation soll lebendig sein: Zeigt Bilder, Plakate, bereitet eine Spielszene vor – vielleicht in Kostümen?

Gestalten:
Bastelt für die Klasse eine eigene Kirchengeschichtsuhr – vom Jahr 0 bis 2000.

22 Worauf kann ich bauen?

Lisa: Was wird denn da gebaut?
Erkan: Die neue Sporthalle.
Lisa: Ich dachte, die wäre längst fertig ...?
Erkan: War sie auch. Aber dann ...
Lisa (neugierig): Ja?
Erkan (hebt die Schultern): Der Boden sackte ab.
Und aus war's mit dem stolzen Bau!

Im zweiundzwanzigsten Schritt wird klar,
dass das Leben Halt und Grund braucht.

Im zweiundzwanzigsten Schritt
lernst du Petrus kennen, den „Felsen",
auf den Jesus baute.

Für die Stadt und für die Welt

Was wir machen

Betrachten:
Beschreibt euch gegenseitig dieses Foto – so genau wie möglich.

Klären:
Besuche den Treffpunkt ✣ Papst und erkläre, was auf dem Foto geschieht.

Spielen:
Der Oster- und der Weihnachtssegen des Papstes werden weltweit von Fernsehsendern übertragen. Spielt euch gegenseitig vor, wo ihr sitzt/liegt/es euch bequem macht, wenn ihr zu Hause fernseht.

Diskutieren:
Wirkt Segen (✣ Segen) auch durch Lautsprecher, auf Leinwand – oder wenn er per Fernsehen in die Wohnung kommt und man dabei Chips knabbert?

Der Petersplatz in Rom und der Petersdom:
Mittelpunkt der katholischen Christenheit

Was wir machen

Sammeln:
Sammelt Informationen über Rom, die „Ewige Stadt" (z.B. Prospekte aus dem Reisebüro). Bereitet eine kleine „Stadtführung" vor. Im Mittelpunkt soll der Vatikan stehen: Was ist das? Was gibt es da zu sehen?

Bedenken:
Betrachte den Kupferstich – vergleiche mit modernen Fotos.

Verbinden:
Lies in der Bibel Jesu Gleichnisrede vom Hausbau (Matthäus 7,24–27); welchen Tipp würdest du einem Baumeister geben?

Der Schlüssel

Und Jesus sprach zu Petrus:

Ich will dir die Schlüssel des Himmelreichs geben. Alles, was du auf Erden binden wirst, soll auch im Himmel gebunden sein, und alles, was du auf Erden lösen wirst, soll auch im Himmel gelöst sein.

Matthäus 16,19

Was wir machen

Klären:
Besuche den Treffpunkt Petrus. Erzähle seine Geschichte.

Diskutieren:
Hat das Himmelreich ein Schloss und gibt es dafür einen Schlüssel?

Der Fels

Jesus sprach zu Petrus:

Du bist Petrus, und auf diesen Felsen will ich meine Gemeinde bauen.

Matthäus 16,18

Was wir machen

Klären:
„Petrus" ist griechisch und kommt von „petra", dem Wort für Fels.
Was für Eigenschaften hat ein Fels? Wozu kann Fels dienen?

Deuten:
Das Bild heißt „Felsenfest" – was fällt dir dazu ein?

Schreiben:
Erzähl eine Geschichte: „Ich habe mich felsenfest darauf verlassen ..."

Füllen:
Ein Beter sagt: „Mein Gott, du bist meine Burg, mein Fels, meine Zuflucht ..." Führe das Gebet ein Stück weiter: Was könnte er noch sagen?

Auf Wasser

Was wir machen

Probieren:
Sucht euch einen Balken zum Balancieren. Welche Haltung führt zum Erfolg?

Gestalten:
Ihr seid im Boot. Unterhaltet euch. Dabei soll für Zuhörende, die Jesus und Petrus *nicht* sehen, deutlich werden, was geschieht.

Tauschen:
Sieh das Bild an. Du bist ein Jünger: Was denkst oder sagst du?

Deuten:
Es geht in der Geschichte von Petrus und Jesus nicht darum, ob es möglich ist, auf Wasser zu gehen. Das ist ein Bild. Es geht im Kern darum: ... – Schreib weiter.

Eine Geschichte über Petrus und Jesus

Die Jünger waren im Boot und ein Sturm tobte. Da kam Jesus zu ihnen und ging auf dem See. Sie aber fürchteten sich. Nur Petrus stand auf und rief: „Ruf mich. Dann komme ich zu dir." Da rief Jesus ihn und Petrus stieg aus dem Boot und ging über das Wasser. Aber als er den Sturm sah, der die Wellen peitschte, bekam er Angst. Und sogleich begann er zu sinken. Er schrie: „Herr, hilf mir." Da streckte Jesus die Hand nach ihm aus und zog ihn hoch.

Matthäus 14

Auf dein Wort

„Nie!", hat Petrus gesagt.
„Nie, Jesus,
will ich dich verlassen.
Du kannst dich felsenfest
auf mich verlassen!"

Jesus hat den Kopf
geschüttelt.
„Versprich nicht mehr,
als du halten kannst, Petrus."

Und dann hat er das mit dem Hahn gesagt: „Bevor der Hahn kräht, wirst du dreimal gesagt haben: Ich kenne Jesus nicht." Es ist so gekommen, wie Jesus gesagt hat.

Als Jesus verhaftet worden war und
das Verhör länger und länger dauerte,
ist Petrus verzweifelt.
Er hat gesagt: „Ich kenne Jesus nicht."
Dreimal hat er es gesagt. Und dann krähte
der Hahn.

Nach Lukas 22

Was wir machen

Deuten:
Siehst du Petrus auf dem Bild?
Wie fühlt er sich?

Erzählen:
Was erwartest du von einem guten Freund?
Was würde dich enttäuschen?

Trösten:
Siehst du Petrus auf dem Bild? Tröste ihn.

Wenden:
Der Hahn ist durch diese Geschichte zu einem
Zeichen geworden. Sag es in deinen Worten:
Worauf kann so ein Hahn aufmerksam machen?

Bauen

Was wir machen

Betrachten:
Seht euch das Bild an und ratet, welche Geschichte aus der Bibel da abgebildet ist.

Klären:
Besucht den passenden Treffpunkt (T ...). Es soll geklärt werden, was das Bild über das Bauen zu sagen hat.

Gestalten:
Gestaltet Poster:
„Ich baue mein Lebenshaus auf festen Grund".

Und sie sprachen untereinander:
Wohlauf, lasst uns Ziegel streichen und brennen! –
Und nahmen Ziegel als Stein und Erdharz als
Mörtel und sprachen:
Wohlauf, lasst uns eine Stadt und einen Turm bauen,
dessen Spitze bis an den Himmel reicht,
damit wir uns einen Namen machen.

Bibel, 1. Buch Mose, Kapitel 11

23 Welche sind die Guten?

Riko findet Erkan vor dem Computer: Welche sind die Guten?
Erkan: Warte! Erst muss ich die ... erledigen. – So ...
Die Blauen. Die Blauen sind die Bösen.
Erkans Mutter (von der Tür): Warum?

Im dreiundzwanzigsten Schritt wird klar,
dass Gut oder Böse manchmal
schwer zu unterscheiden ist.

Im dreiundzwanzigsten Schritt lernst
du Martin Luther kennen, der herausfand,
dass Gottes Liebe Menschen gut macht.

Monster – außen

Was wir machen

Betrachten:
Auf den ersten Blick:
Wer ist gut, wer ist böse auf diesem Filmfoto?

Deuten:
Die Geschichte zu dem Bild – „Die Schöne und das Biest" – verändert den Blick ...
Erläutere das.

Gestalten:
Zu zweit: Erfindet einen passenden Spruch.
Die Ergebnisse können unter eine Kopie des Bildes geklebt und aufgehängt werden.

Ein Märchen

In einem Schloss im Wald lebte ein schreckliches „Biest", vor dem sich alle fürchten. Eines Tages nahm das Biest den Vater eines Mädchens aus dem Dorf gefangen. Dieses Mädchen war so schön, dass alle es „Belle" nannten, die Schöne. Um den Vater zu befreien, versprach Belle, bei dem Biest zu bleiben.

Was zuerst als ein großes Opfer erschien, war in Wahrheit gar nicht so schlimm. Belle und das Biest lernten sich kennen und begannen sich zu mögen.

Als das Biest schließlich in einem Kampf tödlich verwundet wurde, gestand es Belle: „Ich liebe dich."

Monster – innen

Das Märchen von der Schönen und dem Biest hat eine Vorgeschichte …

In einem wunderschönen Schloss lebte einmal ein junger Prinz. Obwohl er alles hatte, was sein Herz begehrte, war er selbstsüchtig und unfreundlich. An einem kalten Winterabend kam eine alte Frau zum Schloss und bat ihn um Unterschlupf. Der Prinz aber lachte über sie und wies sie ab. „Du bist mir zu hässlich“, sagte er. Da warnte sie ihn. „Wahre Schönheit findet man nur im Verborgenen“, sagte sie.

Zu spät bemerkte er, dass diese alte Frau in Wahrheit eine mächtige Zauberin war. Zur Strafe für seine Hartherzigkeit verwandelte sie ihn in ein abscheuliches Biest. Sie ging mit einem Bannspruch: „Nur wenn du lernst, einen anderen zu lieben, und wenn du jemanden findest, der deine Liebe erwidert, sollst du zurückverwandelt werden.“

Was wir machen

Betrachten:
Vergleiche dieses Bild einer Theateraufführung von „Die Schöne und das Biest“ mit dem Filmfoto.

Beenden:
Lies die beiden Teile des Märchens – es fehlt noch das Ende. Schreib los.

Gestalten:
Bastelt Monsterköpfe (z.B. aus Pappmaschée) für eine Ausstellung „Liebenswerte Biester“ – was müsst ihr tun, damit eure Monster auf den zweiten Blick tatsächlich „liebenswert“ wirken?

Wider Erwarten ...

Was wir machen

Füllen:
Die Geschichte ist wie ein Comic gestaltet. Die zu den vier Bildern gehörenden Sprechblasen fehlen. Jeder schreibt sie nachträglich auf Papier und schneidet sie aus. Dann werden alle Sprechblasen eingesammelt, gemischt, neu verteilt und zugeordnet. Bist du mit den erlosten vier Texten zufrieden?

Deuten:
Was ist der Pfiff an der Geschichte?

Werten:
Wie ist das nun mit „gut" und „böse"? Bedenke Monster, Frösche, Prinzen ... – Finde Unterscheidungsmerkmale.

Aktion Mensch

Johanniter Jugend

Johanniter-Unfall-Hilfe

WWF

Brot für die Welt
www.brot-fuer-die-welt.de

caritas

Deutsches Rotes Kreuz

AWO

unicef

SOS-Kinderdörfer weltweit

Was wir machen

Klären:
Hier siehst du die Logos von Hilfsorganisationen – welche guten Taten werden da getan? Wie kann man sie unterstützen? Teilt euch in Gruppen auf: Jede stellt eine Organisation vor. Nutzt das Internet.

Gut und böse

Matthäus berichtet, dass Jesus das Bild einer Gerichtsverhandlung benutzte, um zu zeigen, wie einmal die Menschen in „gut" und „böse" eingeteilt werden:

Da wird der König sagen zu denen zu seiner Rechten:

Kommt her zu mir, ihr Gesegneten meines Vaters!

Denn ich bin hungrig gewesen und ihr habt
mir zu essen gegeben.

Ich bin durstig gewesen und ihr habt
mir zu trinken gegeben.

Ich bin ein Fremder gewesen und ihr habt
mich aufgenommen.

Ich bin nackt gewesen und ihr habt mich gekleidet.

Ich bin krank gewesen und ihr habt mich besucht.

Ich bin im Gefängnis gewesen und ihr
seid zu mir gekommen.

Da werden die zur Rechten fragen:

Herr, wann haben wir das alles für dich getan?

Und er wird antworten:

Als ihr es für irgendeinen eurer Mitmenschen getan habt.

Dann wird der König auch sagen zu denen zu seiner Linken:

Geht weg von mir, ihr Verfluchten!

Denn ich bin hungrig gewesen und ihr habt mir nicht zu essen gegeben.

Ich bin durstig gewesen und ihr habt mir nicht zu trinken gegeben.

Ich bin ein Fremder gewesen und ihr habt mich nicht aufgenommen.

Ich bin nackt gewesen und ihr habt mich nicht gekleidet.

Ich bin krank gewesen und ihr habt mich nicht besucht.

Ich bin im Gefängnis gewesen und ihr seid nicht zu mir gekommen.

Dann werden die zur Linken fragen:

Herr, wann haben wir das alles für dich nicht getan?

Nach Matthäus 25,31–46

Was wir machen

Wenden:
Beschreibe die Wirkung eines solchen Bildes vom Gericht – a) auf Menschen, die darauf hoffen, nach ihrem Tod zu Jesus Christus in den Himmel zu kommen; b) auf Menschen, die noch nie darüber nachgedacht haben, was nach dem Tod mit ihnen geschieht.

Werten:
Schreib „an Jesus", was du von seinem Gerichts-Bild hältst.

Klären:
Was ist der besondere „Pfiff", das Überraschende an der Gegenüberstellung? Sag es in einem Satz.

Singen:
Singt das Lied „Brich mit dem Hungrigen dein Brot" (EG 418).

Gut sein

Anne gibt sich große Mühe. Sie hat lange geübt. Sie will nicht fallen, sie will es gut machen. Sie will zeigen, was sie kann. Und alle sollen klatschen.
Und dennoch: Kann es nicht passieren, dass sie, obwohl sie alles kann, ins Wackeln kommt?

Was wir machen

Füllen:
Versetze dich in Annes Lage. Fülle eine „Gedankenblase" aus.

Wenden:
Erzähle von einer ähnlichen Situation: Du gibst dir Mühe, aber ...

Gestalten:
Erzählt, malt oder spielt die Geschichte eines Menschen, der sich ganz viel Mühe gibt, alles richtig zu machen – und gerade deshalb geht es schief ...

Klären:
Informiere dich am Treffpunkt Paulus: Was fand Paulus über Gott und die guten Taten heraus?

So ist es nicht nur in der Akrobatik. Auch gute Vorsätze geraten ins Wanken, Menschen verhalten sich anders, als sie gern wollen – nicht so gut – böse?
Im Neuen Testament findet sich ein Brief des Paulus an die Gemeinde in Rom. Da schreibt er (Römerbrief 7,19):

Das Gute, das ich will, das tue ich nicht;
sondern das Böse, das ich nicht will,
das tue ich.

Paulus

Dass Gott mich leiden mag – wie mache ich das bloß?

Da steht es ja bei Paulus: Gott mag mich sowieso – er hat mich ja geschaffen und ging für mich ans Kreuz!

Was wir machen

Klären:
Besuche den Martin Luther: Was hat er herausgefunden über Gott und die guten Taten? Was hat er daraus gemacht?

Befreit sein

Was wir machen

Singen:
Probiert den Kanon.

Wenden:
An Luthers Stelle:
Wie würdest du den Kanon deuten?

Spielen:
Packt zwei Schulranzen randvoll mit schweren Büchern. Einer trägt die Last der „guten Bücher" – Dann nimmt ein anderer sie ihm ab. Beobachtet genau, wie sich die Haltung verändert. Alle, die wollen, probieren es.

Probieren:
Nimm einen Zettel, verdecke das „Textgebilde" und gib es Stück für Stück frei. Wie viel verschiedene Bedeutungen entdeckst du? Führe den Zettel so, dass deine Nachbarin den anderen deine Entdeckungen laut vorlesen kann.

Gott
liebt
uns
durch und durch
uns
liebt
Gott

24 Ein richtig gutes Ende

Erkan (am Computer): Mission gewonnen!
Meryem (kommt herein, verheult): Was sagst du?
Erkan: Ich habe meine Mission gewonnen. Aber was ist mit dir?
Meryem: Der Film ist zu Ende.
Erkan: Lass mich raten: Sie sind alle gestorben?
Meryem: Das nicht. Aber sie ... haben sich ... nicht gekriegt.
Erkan: Blödes Ende.
Meryem: Nein, gar nicht. Es war richtig schön traurig.

Im vierundzwanzigsten Schritt wird klar, Schmerz und Trauer gehören zum Leben.

Im vierundzwanzigsten Schritt lernst du, womit sich Menschen trösten.

Starke Gefühle

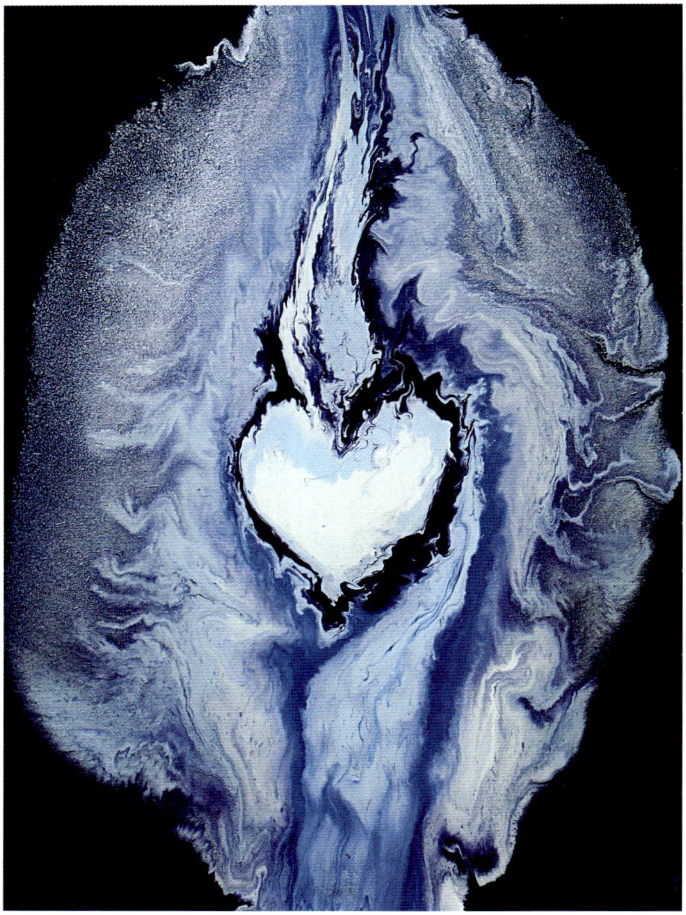

„Wenn's innen weh tut –
das ist, als ob das Herz brennt"
Bob, 15

Was wir machen

Reden:
Wie ist das eigentlich,
wenn es innen weh tut,
nicht außen?
Wie fühlt sich das an?
Was kann man da machen?
Was hilft?

Gestalten:
Male oder forme (Knete, Ton!) einen Ort, an den du dich zurückziehen möchtest, wenn du traurig bist.

Diskutieren:
„Wenn ich Schmerzen habe, weiß ich, dass ich lebe", sagt eine, die sich zwanghaft selbst verletzt. – Verrückt oder verständlich?

Und dann ... ist es aus?

Jugendliche antworten auf die Frage:
Was ist für dich Leben und was kommt danach?

Einfach da sein, einfach leben.
Einfach sterben. Einfach weg ...
Anne, 14

Einfach weg? Das geht doch nicht.
Ina, 14

Sterben muss so sein wie schlafen.
Wenn du Glück hast, träumst du schön.
Per, 16

Woher ich gekommen bin – weiß Gott.
Wo ich bin – hier und jetzt.
Wohin ich mal gehe – weiß Gott.
Patrick, 15

Was wir machen

Wählen:
Lies die Antworten der Jugendlichen und wähle die, die dich am meisten beschäftigt. Setz dich mit denen, die genauso gewählt haben, zusammen. Verfasst eine E-mail an euren Jugendlichen, in der ihr zu der Antwort Stellung nehmt.

Deuten:
In den Antworten der Jugendlichen und auch in Antworten, die Menschen zu allen Zeiten auf die Frage „Was kommt nach dem Leben?" gefunden haben, bleiben Fragen offen. Schreibt eure Fragen auf.

Klären:
Woran sterben Menschen? Ordnet die Ergebnisse zu Gruppen.

Trauer

Was wir machen

Betrachten:
Das Bild heißt „Trauer" – Beschreibe das Bild jemandem, der es nicht sieht.

Füllen:
Was denkt dieser Mensch? Schreib es auf.

Gestalten:
Angenommen, ein Mensch, der dir nahe steht, trauert: Schreibe oder zeichne ihm etwas, das ihn tröstet.

© Aeternitas e.V., Königswinter, *www.aeternitas.de*

Das Puzzle ist das Angebot eines Bestatters:
„Basteln Sie Ihre Traueranzeige selbst."

Was wir machen

Betrachten:
Nenne die „Puzzleteile" einer Traueranzeige.

Deuten:
Links seht ihr eine Zeichnung und den Text: „Das Sichtbare ist vergangen; es bleibt das Leben, die Wahrheit, die Liebe und die Erinnerung." Was bedeutet das? Besucht den Treffpunkt Ostern.

Sammeln:
Schneidet Todesanzeigen aus Zeitungen aus. Sucht in ihnen „Puzzlesteine" des Schmerzes, des Schreckens, des Trosts und der Hoffnung.

Gestalten:
Bastelt große Puzzlesteine (Schablone). Beschriftet sie: Rot für Schmerz, Schwarz für Schrecken, Orange für Trost, Blau für Hoffnung – mit Worten, die ihr in Traueranzeigen gefunden habt.

Fragen:
Befragt einen Pfarrer oder Beerdigungsunternehmer: Wie tröstet man Trauernde? Welche Hoffnung gibt es nach dem Tod?

Br
für d
Diakonie
STARK FÜR ANDERE
Ökumenischer Kirchentag

Kreuzung H:
Gottes Reich und unsere Welt

Kreuzung H: Was wir machen

Überall auf der Welt leben Christen.
Sie sind nicht allein auf der Welt. Die Welt ist eine Gabe und eine Verantwortung für alle Menschen. Nur miteinander können sie leben und bestehen.

„He's got the whole world …"
→ Ein Projekt zum Singen und Feiern

Es empfiehlt sich, im Vorfeld zu sammeln: alles, was aus anderen Ländern kommt.

Er hält die ganze Welt
in seiner Hand.
Er hält die ganze Welt
in seiner Hand.
Er hält die Welt in
seiner Hand.

Er hält den Mond und
die Sterne …
Er hält die Mutter und
den Vater …
Er hält die Tiere und
die Pflanzen …

Betrachten:
Wandere mit den Augen über die Bilder der Kreuzung H: Wo bleibst du hängen? Ein leeres Poster geht durch die Klasse – alle schreiben auf, was ihnen zu denken gibt. – Das Poster wird aufgehängt; vorgelesen, besprochen.

Planen:
Verabredet Referate, z.B.: A. „Brot für die Welt – was machen die?", B. „Ein Tag einer diakonischen Einrichtung – was geschieht da?", C. „Unterwegs mit dem Pflegedienst – Begegnungen", D. „Fotos vom letzten Kirchentag – Eine Bildergeschichte" (Internet), E. „Projekt Weltethos – was ist das?"

Texten:
Das Lied „Er hält die ganze Welt in seiner Hand" hat viele Strophen, die aufzählen, was alles der Ausdruck „ganze Welt" beinhaltet: Erfindet eigene Strophen.

Gestalten:
Übt eine Aufführung des Liedes ein – wie wollt ihr singen, instrumentieren, tanzen, veranschaulichen?

Feiern:
Verbindet die Aufführung mit einem Eine-Welt-Essen: Schmückt den Klassenraum mit Bildern aus aller Herren Länder (Prospekte), bietet Essen und Trinken möglichst verschiedener Herkunft an.

25 Lasst uns gruseln

Lisa: Gruseln, was?

Riko: Als ob Mädchen nicht so schon gruselig genug wären!

Lisa: Monster!

Riko: Ist doch wahr. Das Leben selbst ist gruselig.
Da braucht es keine Fratzen.

Im fünfundzwanzigsten Schritt wird klar,
dass Gruseln manchmal spannend ist.

Im fünfundzwanzigsten Schritt
lernst du den Unterschied zwischen
Gruseln und Erschrecken.

Geisterbahn

Geisterbahn im Wiener Prater, einem Vergnügungspark

Was wir machen

Betrachten:
Der Reihe nach: Beschreibt je eine Einzelheit des obigen Bildes. Die Reihe der Beiträge soll möglichst lang werden.

Deuten:
Was „sagt" diese Figur den Besuchern des Vergnügungsparks?

Fragen:
Zu zweit: Einer ist Reporter, die andere kommt gerade aus dem Kino. Sie hat sich einen Gruselfilm angeschaut. Entwerft ein kurzes Gespräch, das anschließend der Klasse vorgespielt wird.

Was ist gruselig?

„Ist diese Qualle nicht schön?", fragt der Fotograf. „Ja, aber ...", sagt Linn.

Gruselig ist, was mir Gänsehaut macht. *Schön* gruselig ist, wenn mich jemand, der mir nah ist, kitzelt. *Schrecklich* gruselig ist, wenn mich im Dunklen unversehens einer packen würde ... Emily

Gruselig ist, was ich nicht erwarte. Wenn ich beim Schwimmen an etwas Glibberiges stoße oder wenn unsichtbare Spinnenfäden meine Haut streifen – das bringt mich zum Schreien. Eva-Marie

Gerippe sind gruselig – die gehören unter die Erde. Ich muss immer daran denken, dass in mir, ... also unter der Haut... , dass da auch so ein Klappergestell ist ... Leonie

Was wir machen

Sammeln:
Alles, was gruselig ist – Der Reihe nach sagt jeder, was er gruselig findet – und vorher alles, was die anderen gesagt haben. Wenn die Kette reißt, ist es Zeit, alles an die Tafel zu schreiben.

Prüfen:
Vergleicht eure Schauer-Sammlung mit den Antworten auf dieser Seite. Ergänzt euren Tafelanschrieb, wenn es nötig ist.

Werten:
Wo ist der Unterschied zwischen „gruselig" und „grausam"? Welche Gruseleffekte sollten Geschichten, Spiele und Filme haben, welche lieber nicht?

Halloween

Ein Tag mit vielen Gesichtern

KELTISCH:
Sonnenwendfeier;
der Sommer geht, der Winter kommt.
Da öffnen sich die Tore der Geisterwelt und Totengeister könnten spuken.

CHRISTLICH:
Allerseelen (katholisch);
an die Toten wird besonders gedacht.

WELTLICH:
Geister, Hexen, Gruseleien.
Kinder ziehen von Haus zu Haus und drohen mit Streichen – es sei denn, sie bekommen Süßigkeiten.

Was wir machen

Werten:
Im Internet gibt es jede Menge Infos und Anregungen rund um Halloween. Sortiert: Was dient dem Verstehen des Hintergrunds des Festes, was dem Feiern, was vielleicht nur dem Konsum?

Dieser „Geist" ist selbst gemacht. – Menschen fürchten fremde Geister: die Geister von Toten, die Geister anderer Welten, den Geist des Unfriedens, der Gier, der Lüge und viele mehr.

Alte Ängste

Allerseelen. Sorge um die Seelen der Verstorbenen

Im Mittelalter machte man sich viele Gedanken darüber, was den Toten nach dem Tod geschähe. Welcher Mensch wäre wohl gut genug für den Himmel? Auch gute Menschen machen Fehler. So entstand die Idee vom Fegefeuer. Da würden die Seelen der Menschen „gereinigt", bevor sie dann in den Himmel dürften. Wie lange die Seelen im Fegefeuer bleiben mussten, das hinge wohl davon ab, wie viele Fehler sie gemacht hätten. Man glaubte aber auch, dass die Lebenden ihren Toten helfen konnten – durch Gebete, durch Opfer und Fasten.

Was wir machen

Lesen:
Fasse die beiden Texte mit deinen eigenen Worten zusammen. Nenne die Ängste, die dabei zur Sprache kommen.

Werten:
Diskutiert die Idee, der Kirche Geld zu spenden, damit die Seele eines verstorbenen Verwandten aus dem Fegefeuer entlassen wird.

Klären:
Besuche Martin Luther: Erläutere, wie Luther über den Freikauf von Seelen aus dem Fegefeuer dachte.

Allerseelen. Begegnungen mit den Seelen der Verstorbenen

Nach altem Volksglauben, der auch in evangelischen Gebieten verbreitet war, stiegen die Seelen an diesem Tag aus dem Fegefeuer zur Erde auf und ruhten für kurze Zeit von ihren Qualen aus. An manchen Orten finden feierliche Prozessionen der Gläubigen zum Friedhof statt. Ob man die Seelen der Toten dort treffen und trösten kann?

Abschreckung

Was wir machen

Deuten:
Sieh dir das Gesicht des Mannes an. Urteile nach seinem Gesichtsausdruck: Was sieht er?

Das Bild ist ein Ausschnitt aus einem berühmten Gemälde von Michelangelo. Abgebildet ist, was mit denen geschieht, die zur „Hölle“ verurteilt werden. Dies ist einer der Verurteilten.

Die Bilder vom Fegefeuer und von der Hölle schrecken ab und rütteln auf: Werden nach dem Tod die Bösen bestraft und die Guten belohnt? Wenn die Strafe für die Bösen so furchtbar ist wie die Bilder von der Hölle – wer wäre dann nicht lieber gut?

Warnung

Ein Textbild

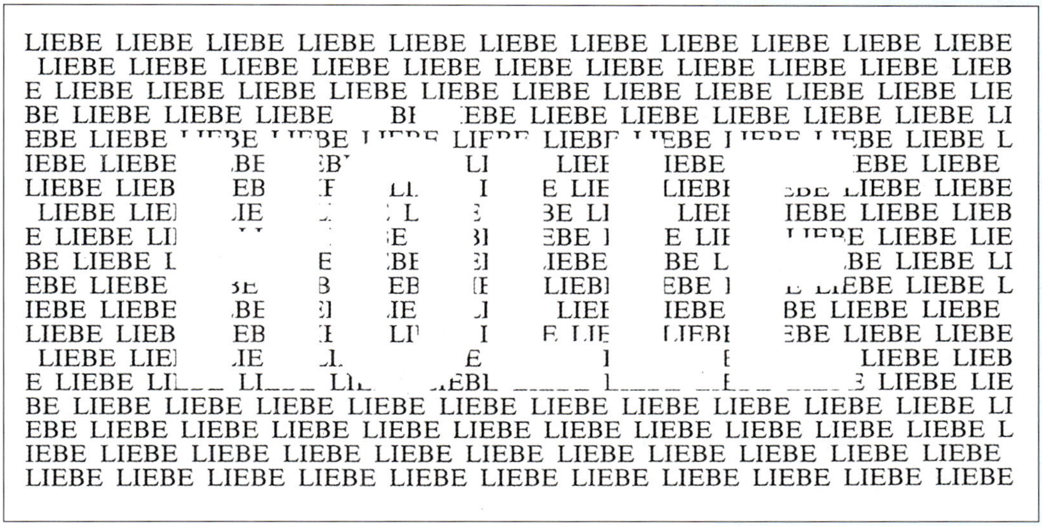

Vor eines reichen Mannes Tür, da liegt ein Armer, Lazarus mit Namen. Er wäre dankbar für die Krümel, die manchmal von dem Tisch des Reichen fallen. Jedoch nicht einmal die sind ihm gegönnt, so dass am Ende Lazarus verhungert ist. Und Engel tragen ihn ins Paradies.

Und ich?, denkt da der Reiche plötzlich. Wenn ich einst sterbe – wird es auch nur *einen* Engel kümmern? Ich fürchte fast: Ich bliebe ganz allein und keiner würde nach mir fragen. So ist es längst, fällt ihm mit Schrecken ein. Ich bin ja ganz allein und keiner fragt nach mir.

Da ist sein Leben für ihn ... Hölle. Er fühlt sich tot, auch wenn er lebt. „Ach, Lazarus“, weint er. „Wenn du doch noch am Leben wärst! Ich würde alles mit dir teilen. Zusammen feiern wir ein Fest.“ Jedoch: Es ist zu spät ...

Nach Lukas 16,19–31

Was wir machen

Werten:
Vergleiche den Text oben und die härtere Fassung, wie sie beim Evangelisten Lukas im 16. Kapitel erzählt ist. Nenne den entscheidenden Unterschied.

Klären:
Erkläre die Redewendung: „wie in Abrahams Schoß"?

Deuten:
Der Text legt nahe: Hölle muss nicht Feuer sein – Finde andere Bilder für „Hölle". Welche Antwort gibt das Textbild? Achte auf die Lücken.

Gestalten:
Gestalte dein Bild von „Hölle" mit Worten oder anderen Mitteln.

Ausblick

Einmal sagte Jesus: Eher geht ein Kamel durch ein Nadelöhr, als dass ein Selbstsüchtiger in den Himmel kommt.

Alle, die das hörten, bekamen Angst und sagten: „Dann kommt wohl keiner in den Himmel."

Da sagte Jesus: Bei den Menschen ist es unmöglich. Aber bei Gott sind alle Dinge möglich.

Nach Matthäus 19,24–26

Was wir machen

Wenden:
Diskutiert und sammelt: Was können wir selbst tun, um gut zu sein? Was dürfen wir Gott überlassen?

Deuten:
Paulus schreibt: „Aus Gnade seid ihr selig geworden aus Glauben, und das nicht aus euch: Gottes Gabe ist es, nicht aus Werken."
Lass dir Zeit – schreibe den Satz mit deinen eigenen Worten.

Gestalten:
Gestaltet das Paulus-Wort als Textbild.

26 Alles auf Sieg gesetzt

Lisa: Hier steht: Die Stadt trägt Trauer.
Riko: Wie? Wo?
Lisa: Bundesliga! Wieder ein wichtiges Spiel verloren.
Riko: Wenn's weiter nichts ist!
Lisa: Du hast ja Recht. Ist bloß Fußball.
Riko (plötzlich lebhaft): He, aber hier:
Die *Red Giants* sind eine Runde weiter!

Im sechsundzwanzigsten Schritt wird klar, dass Sport für viele wichtig ist.

Im sechsundzwanzigsten Schritt erfährst du, dass man verlieren und dabei gewinnen kann.

Erster werden

Was wir machen

Füllen:
Ihr seid bei diesem Rennen im Publikum. Bildet Gruppen, die je einen der Fahrer favorisieren. Was tut, ruft, denkt ihr? Macht eine Skizze und füllt Sprechblasen aus.

Deuten:
Einer, der nicht gewonnen hat, sagt später im Interview: „Es gibt Wichtigeres." Dabei hat er Tränen in den Augen. – Du bist die Reporterin. Schreib einen Kommentar für die Zeitung über diese Begegnung.

Wenden:
Führt zu viert ein stummes Schreibgespräch: Welche anderen Lebenslagen gibt es, die wie ein Wettbewerb sind? Worum geht es da, welche Hoffnungen und Träume stehen auf dem Spiel?

Träumen und schuften

Als Kind hatte ich viele Träume, die oft wie Seifenblasen zerplatzten, wenn ich erfuhr, welche Anstrengungen für ihre Verwirklichung nötig sind. Meine beiden größten Wünsche waren es, Tierarzt zu werden sowie einmal an Olympischen Spielen teilzunehmen.

Mein olympischer Wunschtraum ließ sich leichter umsetzen, da ich mit dem Sport von Kindheit an enger verbunden war als mit Tieren. Zudem waren die Bedingungen in meiner Heimat für den Wintersport sehr günstig; mich faszinierte vor allem das Skispringen. Sieben Jahre später hatte ich es tatsächlich geschafft und konnte als Mitglied unserer Olympiamannschaft in Sarajevo im Skispringen an den Start gehen. Großer Trainingsfleiß, Ausdauer und Disziplin waren notwendig, dieses Ziel zu erreichen ... Viele Menschen haben mich bei der Verwirklichung meiner Träume unterstützt, aber umsetzen konnte ich diese nur allein.

Jens Weißflog

Was wir machen

Lesen:
Erzähle nach: Wie hat dieser Skispringer „es geschafft" – und was genau hat er geschafft?

Werten:
Berühmte Sportler werden oft gefragt, wie sie „es geschafft haben" – diskutiert, warum das interessant ist und für wen.

Forschen:
In Gruppen: Wählt einen Sportler oder eine Sportlerin eurer Wahl und findet heraus, wie er oder sie Karriere gemacht hat (Zeitschriften, Internet).

Schreiben:
„Alles gegeben – hat nicht gereicht" – Schreib los.

Medaillen

Was wir machen

Klären:
Tragt zusammen, was ihr über die Idee wisst, die hinter den Olympischen Spielen steht (z.B. www.wikipedia.de).

Werten:
Vergleiche die beiden Olympia-Parolen. Entscheide dich für eine von beiden und begründe deine Wahl.

Gestalten:
Gestaltet Medaillen für Siege, die nichts mit Sport zu tun haben.

Olympische Spiele: Zwei Parolen

Citius – fortius – altius
(lateinisch; deutsch: schneller, stärker, höher)

Das Wichtigste an den Olympischen Spielen ist nicht der Sieg, sondern die Teilnahme, wie auch das Wichtigste im Leben nicht der Sieg, sondern das Streben nach einem Ziel ist. Das Wichtigste ist nicht, erobert zu haben, sondern gut gekämpft zu haben.

Die Kehrseite der Medaille

Was wir machen

Betrachten:
Beschreibe die abgebildete Person, geh dabei von außen nach innen. Gib dem Bild eine Überschrift.

Deuten:
Zu viert: Schlüpft in seine/ihre Haut.
Äußert eure Gedanken in einem stummen Schreibgespräch.

Wenden:
Spielt euch gegenseitig „Verlierer" vor – solche, die aufgeben, und solche, die sich wehren.
Sprecht hinterher darüber: Wie sieht das aus? Wie fühlt es sich an?

Eine Chance für Verlierer

Jesus erzählte gern: Gott ist wie ein Vater, der zwei Söhne hat ...

Simons ganze Hoffnung sind zwei Söhne. Er sieht sie an und denkt: Sie werden leben, wenn ich sterbe. Wie unterschiedlich sind sie beide, der eine ruhig und besonnen, der andere wild und unbeherrscht. Ich mag sie beide, wie sie sind.

Als nun der eine zu ihm kommt und sagt: „Ich möchte fort", erschrickt der Vater und ist traurig. Er zeigt es aber nicht. Er gibt dem Jungen Geld und guten Rat und winkt ihm segnend nach.

„Er hat dir wehgetan", sagt da der andere Sohn. „Wir werden ihn vermissen", sagt Simon. „Warum hast du es nicht verboten, Vater?", fragt der Sohn. Der Vater hebt die Schultern. „Ich fürchte mal: Wir hätten ihn erst recht verloren."

Was wir machen

Lesen:
Lies diese und die folgenden beiden Seiten ganz.

Zerlegen:
Die Geschichte ist auf drei Seiten verteilt – und hier wiederum in Szenen (Bilder einer Streichholzgeschichte). Finde zu jeder Seite und jeder Szene eine Überschrift.

Erkennen:
Die Bilder müssen klein und einfach sein, um in eine Streichholzschachtel zu passen. Nenne Merkmale, an denen du die einzelnen Personen erkennst, woran du erkennst, was sie tun oder denken.

Klären:
Diese Geschichte hat mit dem Alltag zu tun – und ist zugleich ein Bild für Gott. Besuche ⁂ Gleichnisse: Warum erzählt Jesus so?

Der Sohn ist weit gewandert. Nur fort, hat er zuerst gedacht, weit fort und mal was anderes sehen und machen, was ich will. Er merkt bald, dass die Freiheit teuer ist. Für alles muss er zahlen: fürs Schlafen, Essen, fröhlich Sein. Selbst Freunde kosten Geld. – Das sind sie dann auch wert, denkt er und macht sich keine Sorgen. Doch als sein Geld dann knapper wird, verlassen ihn die Freunde. Er weiß nicht, wo er schlafen soll. Sein Magen knurrt vor Hunger.

Na und?, denkt er sich trotzig. Zu Hause diente ich dem Vater. Nun diene ich mir selbst. Er sucht sich eine Arbeit. – Die Arbeit für die fremden Herrn ist schwerer als erwartet. Nicht einen Fehler wollen sie verzeihen. Und wenn er auch nur einmal sagt: Nein, heute mag ich nicht, dann jagen sie ihn fort.
Da fällt ihm ein, wie oft der Vater, wenn etwas schief ging, ruhig geblieben ist und ihm nur sagte: „Beim nächsten Mal mach's besser." Es tut ihm weh zurückzudenken. Er gibt es auf und sucht sich neue Arbeit. Inzwischen ist er schwach und krank. Kein Herr will ihn mehr nehmen. Am Ende wird er Schweinehirt und sitzt im Dreck und denkt an seinen Vater.

Auch der geringste Mann zu Hause kann ohne Sorgen leben. Warum, fragt er sich plötzlich, warum ging ich bloß fort? Da, wo ich war, war es am besten. Nun geht er seinen Weg zurück. Mit jedem Schritt fühlt er es mehr: Der Weg zurück ist richtig. Zugleich wächst Unbehagen. Was wird der Vater sagen? Du wolltest fort – sieh, was du davon hast? Erst bring mein Geld zurück – sonst lass ich dich nicht ein? – Ich komme mit leeren Händen, muss der Junge sagen.

Was wir machen

Wenden:
Der Junge hat Mut, er hat Geld, er hat was gelernt – warum geht sein Aufbruch schief? Schalte dich als Ratgeber ein – an welcher Stelle, das entscheidest du selbst. Schreib ihm deinen Tipp.

Als er das Vaterhaus schon vor sich sieht, bleibt er zögernd stehen. Da springt die Tür auf und der Vater kommt. Mit offenen Armen läuft er dem Sohn entgegen. „Mein Sohn, du bist zurück!" – „Vater, ich habe mich geirrt", sagt ihm der Sohn. Der Vater sieht ihm ins Gesicht. „Beim nächsten Mal mach's besser."

Der andere Sohn kommt abends von der Arbeit. Das Haus ist voller Gäste und Musik. Mittendrin feiert sein Bruder, prächtig gekleidet und geschmückt. Da wird er starr. Er bleibt im Dunklen stehen. – Und ich, wer fragt nach mir?

Der Vater kommt zu ihm heraus und stellt sich neben ihn. „Du tust mir weh", sagt Simon. „Warum kommst du denn nicht herein?" – „Warum hast du ihn wieder aufgenommen, Vater?", fragt der Sohn. „*Ich* hab ein Fest verdient, nicht er." „Es ist *mein* Fest und nicht seines", sagt Simon. „Und ihr seid beide eingeladen."

Martina Steinkühler

Was wir machen

Betrachten:
Sieh das erste und das letzte Bild an – beschreibe den Unterschied.

Wenden:
Drei sitzen in der Mitte: Vater und zwei Söhne. *Erste Szene:* Freiwillige legen den Personen die Hand auf die Schulter und sprechen für sie. Nach einer Pause wiederholt sich das Gleiche als *letzte Szene.*

Deuten:
Kommentiere das Ende. Erläutere, was Jesus mit dem Gleichnis über Gott zu sagen hat.

27 Der Fußballgott

Lisas Vater: Herrgott nochmal – so schieß doch!
Lisa: Glaub ich nicht.
Lisas Vater: Was glaubst du nicht?
Lisa: Dass Gott was mit Fußball zu tun hat.
Lisas Mutter: Ach, das sagt man doch nur so.
Lisa: Wirklich?

Im siebenundzwanzigsten Schritt wird klar,
dass Gott für viele eine Nebenrolle spielt.

Im siebenundzwanzigsten Schritt
denkst du darüber nach,
wo Gott am Ende fehlen könnte.

Fans …

Anreise zur Weltmeisterschaft

... und Fete

Vor dem Spiel

Eröffnungsfeier

Was wir machen

Betrachten:
Die Bilder zeigen, was rund um ein großes Sportereignis geschieht. Beschreibt in allen Einzelheiten, was ihr seht, und tragt es zusammen.

Füllen:
Schlüpfe in die Rolle einer der abgebildeten Personen. Schreibe auf, was du erlebst.

Wenden:
Es muss ja nicht Fußball sein – wer einen anderen Sport bevorzugt, hält einen kurzen Vortrag (mit Vergleich) über seinen/ihren Sport.

Deuten:
Fan-Sein ist teuer und anstrengend – was bringt es? Diskutiert und gestaltet ein Plakat, das zum Besuch eines Sportereignisses einlädt.

Kult

Farbe bekennen:

Ich bin für Deutschland,
ich bin für England,
ich bin für Freundschaft,
ich bin für Fußball!

Kevin

Gott ist im Fußball allgegenwärtig. Viele Fußballer bekreuzigen sich, bevor sie den „heiligen Rasen" betreten. Das Stadion heißt „Kathedrale", und wenn gute Tore fallen, sagt man: „Gott hat die Hand im Spiel". Aber das ist nicht alles. Die Fans bewundern ihre Stars wie Götter, sie feiern und verehren sie. Ein Spiel ist wie ein Gottesdienst – es gibt Rituale und Kultgegenstände. Kurz: Die Messe dauert 90 Minuten und Gott ist rund.

Kevin und Tim

Was wir machen

Werten:
„Ich bin für Deutschland" – So ein Slogan hat oft eine Kehrseite: „Ich bin gegen ..." Erläutere das und vergleiche mit Bild und Text von Kevin: Wie meint er denn dieses „Ich bin für ...?"

Klären:
Lies den Text und suche Wörter heraus, die aus dem Bereich „Religion" kommen.

Deuten:
Besuche ⁂ Religion. Erläutere, was Religion und große Sportereignisse gemeinsam haben.

Gestalten:
Gestaltet ein Poster „Ich bin für": Sammelt Zeichen und Bilder für Inhalte, die euch wichtig sind.

Gottesdienst

Ich bin für Gott.
Ich bin für Jesus.
Ich bin für
Glaube und Liebe
und Hoffnung.
Ich gehe gern
in die Kirche.

Nadine

Ein Interview

Frage: Was verbindest du mit Gottesdienst?

Mike: Man sitzt in der Kirche und ja, es ist ziemlich altertümlich, steife Stimmung. Man weiß immer schon, was kommt, es ist echt vorhersehbar. Im Mittelpunkt steht die Predigt.

Frage: Könntest du die Abfolge im Gottesdienst sagen?

Mike: Alle gehen rein, dann kommt eine Anfangsmelodie. Dann kommt das erste Lied, dann kommt das Glaubensbekenntnis, noch'n Lied, das Vaterunser, die Predigt, noch'n Lied, das Abendmahl, Danksagungen, Kollekte oder so was und Ausgangsmusik. Das Ganze zieht sich so über ne Stunde hin.

Frage: Worauf könntest du verzichten?

Mike: Ja, also, so ein bisschen Tradition, das muss schon sein. Die Singerei und das Drumrum, das ist eben so, ist wie beim Fußball irgendwie. Beckenbauer und Ballack gehören auch dazu, auch wenn die eigentlich nicht so inhaltsvoll ... gehört halt eben dazu.

Was wir machen

Deuten:
Vergleiche Nadine und Kevin – was ist an ihrem „Ich-bin-für“ anders? Überlege, wie Nadine sich als „Kirchen-Fan“ kenntlich machen könnte.

Lesen:
Mike vergleicht Gottesdienst und Fußball: Wo liegt der Reiz?

Werten:
In Mikes Antworten steckt auch Kritik. Benenne die Vorwürfe, nimm Stellung und mache Verbesserungsvorschläge.

Idol oder Gott

Frage an einen Fan

Ist der Stürmer XY für dich ein Vorbild, ein Idol?

Absolut. Der ist der Größte!

Ist er der Fußballgott?

Also, Gott ... ich weiß nicht. Gott ist was für länger, oder? Ich meine: wenn XY nun morgen keine Tore mehr schießt ... oder wenn ich morgen Fußball blöd finde ... dann brauch ich doch trotzdem noch einen Gott, oder?

Ich brauch einen Gott,
der nicht immer bloß lächelt.
Ich brauch einen Gott,
der mich mag,
auch wenn ich Mist bau.
Aber er müsste mir sagen: So nicht.
Ich brauch einen Gott,
den ich fragen kann,
wenn ich nicht weiter weiß.
Er muss mich nicht tragen.
Aber da sein für mich,
wenn ich einsam bin, das müsste er.

Judith, 15

Was wir machen

Werten:
„Woran du dein Herz hängst, das ist dein Gott", sagt Martin Luther. Verbinde diesen Gedanken mit den Stellungnahmen auf dieser Seite: Triff für dich (für den Augenblick) eine Entscheidung. Vertritt sie.

28 Durchs Feuer gehen

Hast du schon mal versucht,
ein Lagerfeuer anzuzünden?
Nicht leicht, das sag ich dir.
So eine kleine Flamme ist empfindlich.
Ein Hauch genügt – und aus.

Wenn's aber richtig brennt,
dann fällt das Löschen schwer.
Da geht's auf Tod und Leben.

Im achtundzwanzigsten Schritt wird klar,
dass sich ein hoher Einsatz lohnt.

Im achtundzwanzigsten Schritt
lernst du die Kraft der Botschaft Jesu kennen,
die sagt, dass Gottes Liebe sogar
den Tod besiegt.

Feuerprobe

Was wir machen

Werten:
Angenommen, du wärst ein Richter aus dem Mittelalter: Erkläre, warum du dich auf diese Probe verlässt. Angenommen, du bist ein Angeklagter, der die Probe nicht bestanden hat: Erkläre, warum diese Probe nicht gilt.

Wenden:
Was für „Proben" gibt es heute? Erläutere, was wie bewiesen wird.

Schreiben:
Ein Junge ist bei einer Mutprobe schwer verletzt worden. Erfindet einen Tathergang. Schreibt Stellungnahmen zu dem „Fall"; teilt euch auf: als Mutter, Lehrerin, Freund, Bandenmitglied usw.

Die Feuerprobe gehörte zu den Gottesurteilen des Mittelalters, durch die Schuld oder Unschuld eines Angeklagten festgestellt werden sollte. Es gab verschiedene Varianten:

- der Angeklagte musste barfuss über sechs oder zwölf rot glühende Pflugscharen gehen;
- der Angeklagte musste ein glühendes Eisen über eine Distanz von neun Fuß oder mehr tragen,
- der Angeklagte musste seine Hand in ein Feuer stecken.

Wenn der Angeklagte dabei unverletzt blieb oder wenn seine Verletzung nicht eiterte, galt seine Unschuld als erwiesen, im anderen Fall wurde er bestraft.

Versprechen

Was wir machen

Füllen:
„Für dich geh ich durchs Feuer" – Jeder sagt ein Beispiel dafür, was einer für einen wichtigen Menschen tun würde.

Deuten:
Wer schickt wem so eine Karte – und warum? Erfinde eine Geschichte.

Wenden:
In Gruppen: Zu viel Selbstaufgabe kann auch schaden. Findet eine Regel, die vor gefährlichen, zerstörerischen Opfern warnt. Vergleicht die Ergebnisse und versucht, eine gemeinsame Regel zu finden.

„Ist mein Wort nicht wie ein Feuer?", spricht Gott.

Jeremia 23,29

Was wir machen

Deuten:
Das Bild von Wolfgang Lettl zeigt Jeremia. Vermute, was an Jeremias Arbeit so schwer ist und was er denkt. Nimm die Überschrift der Seite zur Hilfe, außerdem Schritt 20 und ⁂ Prophet.

Jeremia war ein Prophet.
Er sprach im Namen Gottes. In der Bibel gibt es ein Buch voller Mahnungen und Warnungen, die er den Menschen in Gottes Namen weitersagte – und dann gibt es ein Buch voller Klagen: Jeremia fand seine Arbeit sehr, sehr schwer ...

Brannte nicht unser Herz in uns, als er mit uns redete auf dem Weg? Lukas 24,32

Zwei Jünger gingen den Weg
nach Emmaus. Sie trauerten um Jesus.
Am Kreuz war er gestorben, er,
der Leben bringen sollte.

„Bringt er doch auch", sprach plötzlich einer in ihrer Mitte zu ihnen. „Er ging für euch durchs Feuer, damit er Leben bringen kann." Die Jünger sahen ihn an. „Er ist gestorben!", riefen sie. „Er lebt", sagte der Fremde.

Nach Lukas 24,13–35

Was wir machen

Klären:
Die Geschichte der Emmaus-Jünger steht im Lukas-Evangelium im 24. Kapitel – Lies selbst und erkläre dann: Woran haben die Jünger den „Fremden" erkannt?

Wenden:
Wofür brennt *dein* Herz? Für eine Sache? Einen Menschen? Oder (noch) gar nicht? Dann überlege: Wofür könntest du brennen?

Gestalten:
Zu zweit. Stellt pantomimisch dar: Einer hört zu, der andere redet – Witz, Plauderei, Geheimnis, Predigt.
Die Zuschauer beobachten, raten, erklären, was sie woran erkennen.

Hingabe

Was wir machen

Finden:
Sucht Kreuzeszeichen in Zeitschriften, als Schmuck, als Aufdruck. In welchen Zusammenhängen werden sie verwendet?

Nennen:
Die Darstellungen von Christus am Kreuz sind sehr unterschiedlich. Am besten besichtigt ihr Kirchen und schaut selbst. Oder sucht im Internet. Gebt den Bildern vom Gekreuzigten aussagekräftige Titel.

Klären:
Besuche Ostern; lies, zum Beispiel, in einer Kinderbibel, die Geschichte vom Leiden Jesu (die Passionsgeschichte). Mach dir Notizen.

Gestalten:
Als Gruppenarbeit: Tragt zusammen, was ihr über Jesus erfahren habt (RELi + wir, RELi-Ordner): Lebenslauf, Worte und Taten. Gestaltet daraus – rund um ein Kreuz – ein Jesus-Poster. Gebt eurem Poster einen Titel, der Jesu Leben und das Kreuz verbindet.

Seht ihr es jetzt,
wie Gott ist?

Er rettet sich nicht,
er bringt sich nicht
in Sicherheit.

Er leidet mit den
Leidenden.
Er weint mit
den Weinenden.
Er stirbt mit den
Sterbenden.

Nie ist er fern.

Die Gemeinde singt:

Hart auf deiner Schulter
lag das Kreuz, o Herr,
ward zum Baum des Lebens,
ist von Früchten schwer.
Kyrie eleison,
sieh, wohin wir gehen.
Ruf uns aus den Toten, lass uns auferstehn.

EG 97,6 | Jürgen Henkys

Was wir machen

Wählen:
Die Evangelisten erzählen Jesu Tod auf unterschiedliche Weise.
Markus sagt, er habe nach Gott gerufen: „Warum hast du mich verlassen?" Bei Matthäus sagt Jesus: „Vater, ich befehle meinen Geist in deine Hände." Johannes nennt als letzte Worte: „Es ist vollbracht." Welche dieser letzten Worte passen zu dem Bild? Begründe deine Wahl.

Probieren:
„Kyrie eleison" ist ein Ruf, der in jedem Gottesdienst laut wird: „Herr, erbarme dich". Mit diesem Ruf bringen Christen alles, was nicht gut ist, vor Gott. Probiert es. Sprecht darüber, wie das auf euch wirkt.

Gestalten:
Gestaltet, was das Lied besingt: „Das Kreuz wird zum Baum des Lebens."

+ STOPP – Was wir jetzt können + + + STOPP – Was wir jetzt können + + + STOPP – Was wir jetzt können +

Folgende Aufgaben kannst du lösen:

1. „Immer nur gut" wäre langweilig – sagt Anna. Nimm dazu Stellung und erkläre, was für dich „gut" und „böse" bedeutet.

2. „Wenn ich tot bin, bin ich weg", sagt Paula. Führe mit ihr ein Gespräch, in dem du deine Erwartungen zum Thema „Sterben – und dann?" darlegst.

3. Tobi will sich konfirmieren lassen. Seine Freunde spotten darüber. Erläutere beide Positionen und gib Tobi einen Rat.

4. Eine wichtige Persönlichkeit ist gestorben. Deine Schule will eine Gedenkfeier durchführen. Entwirf einen Ablauf.

5. In der dritten Strophe des Kirchenlieds „Ein feste Burg" von Martin Luther heißt es: „Und wenn die Welt voll Teufel wär und wollt uns gar verschlingen, so fürchten wir uns nicht so sehr ... / Der Fürst dieser Welt, so sauer er sich stellt, tut er uns doch nichts ..." Erläutere, wie Luther das meint und warum er so mutig sein kann.

6. Katrin möchte gern zeigen, dass sie Christin ist. Mach ihr Vorschläge, die nicht nur das Äußere betreffen, sondern auch ihr Handeln.

7. In einem Gleichnis stellt Jesus zwei Typen von Betenden nebeneinander. Der eine zählt Gott seine guten Taten auf, der andere sagt einfach: „Verzeih mir." Stelle Vermutungen an, wem Jesus den Vorzug gibt, und begründe deine Einschätzung.

8. Ein neues PC-Spiel heißt „Der letzte Prophet" – Erkan sagt, er würde dieses Spiel aus religiösen Gründen niemals spielen. Erörtere diese Gründe.

9. „Religion ist eine ernste Sache", sagt Nina. „Da fehlt mir der Spaß." Lisa widerspricht – schreib auf, was sie sagen könnte.

10. „Niemand darf wegen seiner Heimat und Herkunft benachteiligt werden" – so steht es im Gesetz. Nenne zwei Beispiele aus der Bibel, die einen solchen Grundsatz unterstützen.

11. „Im Zweifel für den Angeklagten" ist ein alter Rechtsgrundsatz. Erläutere, was das bedeutet, und vermute, was Jesus dazu sagen würde.

12. Nimm eine Werbeanzeige deiner Wahl und untersuche, welche Versprechungen gemacht werden – und ob sie eingehalten werden können.

+ + STOPP – Was wir jetzt können + + + STOPP – Was wir jetzt können + + + STOPP – Was wir jetzt können +

Treffpunkte: Nachschlagen – Auswerten – Festhalten

Ein ⁂ im Buch führt dich zu einem Treffpunkt.
Die Treffpunkte enthalten wichtige Sachinformationen.
Das dort erworbene Wissen kannst du vertiefen:
Nutze Lexika, Sachbücher, Suchmaschinen im Internet.

Treffpunkt gefunden – was tun?

✔ Text lesen: Mehrmals

✔ Text zerlegen: Welche Abschnitte gibt es? Welche verschiedenen Gedanken?

✔ Text neu zusammensetzen: Wie hängen die einzelnen Gedanken zusammen?

✔ Text kürzen: Wichtige Wörter und Schlussfolgerungen notieren.

✔ Text nutzen: Eine Zusammenfassung für den eigenen Ordner anlegen.

Erzvater des Volkes Israel. Nach 1 Mose 11+12 zog er mit seiner Frau Sara und seinem Neffen Lot aus dem Zweistromland (heute: Syrien, Irak) nach Kanaan, weil er den Ruf Gottes hörte: *Geh aus deinem Vaterland ... in ein Land, das ich dir zeigen werde.*

Segen und Opfer

Ich will dich zu einem großen Volk machen und will dich segnen ... In dir sollen gesegnet sein alle Völker – Trotz dieser Verheißung Gottes (⁂ Segen), an die Abraham glaubte, musste er lange auf die Geburt seines Sohnes Isaak warten. In der Bibel wird berichtet, dass Abraham später meinte, er müsse diesen Sohn aus Dankbarkeit opfern. Gott verbot dieses Opfer.

Einigung mit Lot

Über Abraham und Lot wird berichtet, dass sie auf Dauer nicht zusammen bleiben konnten: Es gab Streit unter den Hirten. Da schlug Abraham vor, die Weidegebiete zu teilen – und ließ Lot die erste Wahl. Diese Geschichte ist ein Beispiel für die Lebensregel: „Der Klügere gibt nach."

Fürsprache für Sodom

Eine andere Geschichte erzählt, dass Gott die Stadt Sodom aufgeben wollte, weil in ihr nur noch Bosheit und Selbstsucht herrschten. Abraham aber verhandelte mit Gott. „Auch wenn nur zehn Gute in Sodom leben – gib ihnen eine Chance." Gott stimmte zu. Sodom war dennoch nicht zu retten. Es fanden sich überhaupt keine Guten – außer Abrahams Neffen Lot. Er verließ die sterbende Stadt.

Drei Religionen kennen Abraham als Vater und Vorbild ihres Glaubens: ⁂ Judentum, Christentum und ⁂ Islam.

Die Geschichte des Opferverbots steht im Mittelpunkt des *Opferfestes* des Muslime. Abraham heißt bei ihnen Ibrahim.

Es ist für alle Menschen wichtig, zu erkennen, dass Gott, der den Menschen zugewandt ist, Menschenopfer ablehnt.

Die Geschichte
Es wird erzählt, dass die ✢ Schöpfung Gott enttäuschte. Er wollte sie nicht länger bewahren. Großer Regen – *Sintflut* – überschwemmte die Erde. Gott warnte aber Noah, den er gern hatte. Er befahl ihm, einen großen Kasten zu bauen. Darin sollten Noah, seine Familie und von allen Tieren je ein Paar Zuflucht finden. 150 Tage mussten die Geretteten in der Arche bleiben, bis die Erde wieder trocken war. Dann baute Noah einen Altar und dankte Gott für die Bewahrung. Gott antwortete mit einem Zeichen und einem Schwur: *Solange die Erde steht, soll nicht aufhören Saat und Ernte, Frost und Hitze, Sommer und Winter, Tag und Nacht* (1 Mose 8,22). Das Zeichen war der Regenbogen.

Sinnbild für Zuflucht bei Naturkatastrophen.
Aus dem Zusammenhang der *Geschichte von der Sintflut,* im ersten Buch der Bibel: Noah baute auf Gottes Befehl die Arche, um sich und seine Familie zu retten.

Das Problem
Der Erzähler der Bibel benutzt als Hintergrund für seine Geschichte die Erfahrung, dass die Erde immer wieder von Katastrophen heimgesucht wird. Menschen fragen: Wie kann das sein? Warum lässt Gott das zu? Der Erzähler erklärt die Flut als Strafe Gottes. *Gott sah, dass die Bosheit der Menschen groß war und alles Dichten und Trachten ihres Herzens immer nur böse.* – Deshalb habe Gott den großen Regen zugelassen.

Die Lösung
Die Geschichte von der Strafe behält nicht das letzte Wort. Der Erzähler konzentriert sich auf Noah und die Arche. Nach der Katastrophe soll die Schöpfung weiter bestehen. Es wird erzählt, dass Gott nachgibt: Die Bosheit der Menschen ist zwar groß – aber es gibt Ausnahmen. – Deshalb werde Gott niemals aufgeben.

„Nach mir die Sintflut", sagt man und meint: „Ich mach, was ich will – es ist sowieso bald vorbei mit der Welt." Tiere werden gequält, Lebensräume zerstört, die Luft wird verschmutzt. Ob wir, wenn wir alles zerstört haben, einen Platz in der Arche finden? Der Regenbogen ist das Hoffnungszeichen für Menschen, die an Gott glauben: Gott hat versprochen, dass er seine Schöpfung bewahren will.

Bergpredigt

Steht im Evangelium des Matthäus, im 5. bis 7. Kapitel; eine Zusammenstellung von wichtigen Worten, die Jesus über Gott und über das Zusammenleben der Menschen gesagt hat.

Die bekanntesten Teile der Bergpredigt sind das Vaterunser, die Seligpreisungen und die so genannten Antithesen (d.h. Gegenreden): Hier werden die alttestamentlichen Gebote (Zehn Gebote) so zugespitzt, dass ihre eigentliche Absicht klar zum Ausdruck kommt, z.B.: Das Leben gefährdet nicht nur der, der jemanden umbringt, sondern auch schon der, der jemanden beleidigt oder ihm Böses wünscht. Jesus betont, dass es in allem, was Menschen tun, auf die innere Einstellung und Absicht ankommt, darauf, ob sie aus Liebe handeln oder aus Eigennutz. Er lehrt außerdem Feindesliebe, Gewaltlosigkeit und den Wert des Nachgebens: *Wenn dich jemand auf die rechte Wange schlägt, dann halte auch die linke hin.*

Fragst du dich, was das ist: ein gutes Leben führen? Viele finden darauf Antworten in der Bergpredigt. Andere aber sagen: Was Jesus da verlangt, ist unmöglich – Feinde lieben, sich nicht wehren, immer nachgeben ... wie soll das gehen?

Vaterunser – Gebet aller Christen: Es sagt, was Gott für Menschen bedeutet, die an ihn glauben:

Vater unser im Himmel.	Er ist über uns, unter uns, bei uns.
Geheiligt werde dein Name.	Er ist heilig.
Dein Reich komme.	Er schenkt eine Welt, die heil ist.
Dein Wille geschehe, wie im Himmel, so auf Erden.	Er will das Leben, nicht den Tod.
Unser tägliches Brot gib uns heute.	Er gibt, was wir brauchen.
Und vergib uns unsere Schuld,	Er nimmt uns ab, was uns bedrückt.
wie auch wir vergeben unseren Schuldigern.	Wir sollen das auch untereinander tun.
Und führe uns nicht in Versuchung, sondern erlöse uns von dem Bösen.	Er will, dass wir gut sind, und gibt uns dazu Kraft.
Denn dein ist das Reich	Er ist Herr der heilen Welt.
und die Kraft	Er ist stark.
und die Herrlichkeit in Ewigkeit. Amen	Er ist heilig.

Bibel

Die Bibel ist nicht vom Himmel gefallen. Viele verschiedene Erzähler und Dichter haben ihre Erfahrungen mit Gott und Jesus Christus aufgeschrieben. Diese Schriften wurden gesammelt. Erst um 200 nach Christus stand fest: Die wichtigsten Schriften zusammen – das ist die Bibel. In Klöstern wurden die Bibeln sorgfältig abgeschrieben, oft auch verziert und bemalt. Dabei geriet in Vergessenheit, dass die Bibel Geschichten enthielt, die *Menschen* geschrieben hatten. Man glaubte, jedes Wort sei von Gott diktiert.

So kam es, dass die Bibel hauptsächlich in den Ursprachen – Hebräisch, Griechisch und Latein – gelesen und vorgelesen wurde, auch wenn das kaum jemand verstand. Die Menschen waren dann auf die Priester angewiesen, die ihnen erklärten, was sie glauben und tun sollten.

Martin Luther übersetzte die ganze Bibel ins Deutsche (1534). Er fand dafür eine überzeugende Sprache, die bis heute Bestand hat. Martin Luther sagte: „Das, was in der Bibel steht, zählt – nicht das, was ein anderer darüber erzählt. Jeder soll selbst lesen und sich eine eigene Meinung bilden."

Die Heilige Schrift der Christen. Besteht aus dem Alten Testament und dem Neuen Testament.
Altes Testament: 39 einzelne Bücher (manche sehr kurz);
Neues Testament: 27 Schriften (21 davon Briefe).
Gottes Ich-werde-da-sein-Buch (Altes Testament);
Jesu Ich-bin-bei-euch-Buch (Neues Testament).

Viel gelesen

Die Hosentaschenbibel ist sogar waschmaschinenfest.

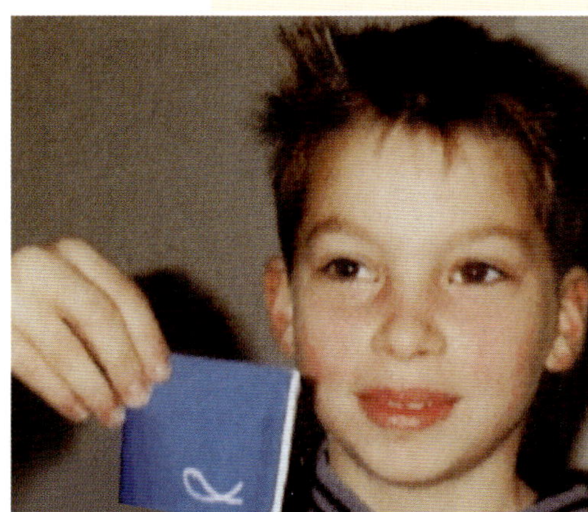

Du kannst selbst in der Bibel lesen und dir deine Meinung bilden. Wem die Bibel zu dick und zu schwer ist, für den gibt es Kurzfassungen und Ausgaben in heutigem Deutsch.

Gut geeignet für den Einstieg: Die Schöpfung (1 Mose 1 und 2), die Sintflut (1 Mose 7 bis 9); dazu Psalm 23, 103 und 104. Im Neuen Testament kann man Markus lesen (der ist am kürzesten), im Alten Testament das Buch Jona (nur vier Kapitel).

Brot für die Welt

Hilfsorganisation der evangelischen Landes- und Freikirchen in Deutschland. 1959 in Berlin gegründet. In mehr als 1.000 Projekten leistet „Brot für die Welt" gemeinsam mit einheimischen Kirchen und Partnerorganisationen in Afrika, Asien, Lateinamerika und Osteuropa Hilfe zur Selbsthilfe. Leitmotiv der Arbeit ist: Den Armen Gerechtigkeit.

Christlicher Glaube besteht nicht allein aus Worten. Er handelt – wie Jesus, wenn er heilte, auf Unrecht aufmerksam machte und sich auf Menschen einließ, mit denen keiner zu tun haben wollte. „Brot für die Welt" – das sind die Hände der Kirche. Sie wollen Folgendes tun:

- *Ernährung sichern.* Grundnahrungsmittel sollen dauerhaft in ausreichender Menge vorhanden sein, damit alle Menschen aktiv und gesund leben können.
- *Bildung und Gesundheit fördern.* Bildungseinrichtungen und Gesundheitsversorgung müssen allen Menschen zugänglich gemacht werden.
- *HIV/Aids bekämpfen.* Der Kampf gegen HIV/Aids gehört zu den größten entwicklungspolitischen Herausforderungen weltweit.
- *Gewalt überwinden, Demokratie fördern.* „Brot für die Welt" und seine Partner setzen sich aktiv für eine Kultur des Friedens ein.
- *Den Armen eine Stimme geben.* „Brot für die Welt" versteht sich als Anwalt der Benachteiligten in den Ländern des Südens.

Du kannst mitmachen. Für Schülerinnen und Schüler gibt es im Internet die Seite www.brot-fuer-die-welt.de/schule-aktiv. Da lernst du die „Global Gang" kennen, die sich selbst folgende Regeln gegeben hat:

Als Mitglied der Global Gang

- Behandle ich alle Menschen fair:
  - ganz gleich, woher sie sind,
  - ganz gleich, ob sie Junge oder Mädchen sind,
  - ganz gleich, welcher Religion sie angehören,
  - ganz gleich, wie sie aussehen.
- Setze ich mich für andere ein und helfe ihnen.
- Wende ich mich gegen Gewalt und Ungerechtigkeit.

Mit diesen Regeln ist die Global Gang aktiv, und zwar nicht nur im Internet. In ganz Deutschland tun sich immer wieder Global Gang-Mitglieder zusammen, um gemeinsame Aktionen zu starten.

1. König: Saul
Israels erster König war *Saul.* In der Bibel wird erzählt, dass der Prophet *Samuel* von Gott den Auftrag erhielt, Saul zum König zu machen. Dies geschah durch *Salbung:* Samuel goss Öl auf Sauls Haupt.

Saul erfüllte die Erwartungen nicht. So salbte Samuel bald einen anderen, David. David war der jüngste Sohn von *Isai* aus *Bethlehem;* er hütete Schafe, als Samuel nach ihm rief. Die Bibel erzählt zwei verschiedene Geschichten darüber, wie David an den Königshof Sauls kam: Man suchte einen guten Harfespieler für den König – oder: Der Philister Goliat, ein wahrer Riese, forderte Sauls Krieger zum Zweikampf. Aber keiner hatte genug Mut – außer dem Hirtenjungen David. Er nahm seine Steinschleuder und tötete den Riesen.

Wird als Dichter vieler Psalmen der Bibel genannt. Gilt als bedeutendster König Israels, lebte um 1000 vor Christus. Machte Jerusalem zur Hauptstadt. Regierte ungefähr 40 Jahre. Sein Nachfolger war Salomo.

2. König: David
David freundete sich mit Sauls Sohn Jonatan an. Saul war eifersüchtig auf David und wollte ihn töten. David musste fliehen. Erst als Saul im Krieg gefallen war, wurde David König.

David blieb nicht ohne Schuld. Zum Beispiel schickte er, um die schöne Batseba heiraten zu können, Batsebas Ehemann Uria in den Tod. Der Prophet Natan klagte ihn an und David bekannte seine Schuld.

3. König: Salomo
Um Davids Nachfolge gab es Streit.
Schließlich war es Salomo – der Weise –, der die Krone erbte.

Die Geschichte von David und Goliat ist ein Beispiel dafür, dass nicht immer nur die Großen und Starken sich durchsetzen.

Seit Davids Tod hat das Judentum darauf gehofft, dass ein neuer David geboren würde. Propheten haben es vorausgesagt und die Juden warten auf ihn. Christen glauben, dass Jesus dieser erhoffte neue David ist.

Evangelist · Evangelium

Verfasser der Jesus-Geschichten im Neuen Testament der Bibel. Historisch nicht fassbar. Haben Jesus nicht persönlich gekannt. Hörten von seinen Taten und Worten; glaubten an Jesus und seine Auferstehung. Verstanden ihn u.a. als Heiland, neuen David, Gottes Sohn.

Evangelium. Die frohe Botschaft, dass in Jesus Christus Gott selbst zur Welt gekommen ist. Er ist gestorben und auferstanden. Nach Ostern verbreiteten Jünger und Apostel diesen neuen Glauben.

Matthäus
Matthäus stellt heraus, dass Jesus tatsächlich der „neue David" ist, den die Propheten des Alten Testaments verkündigt haben.

Markus
Markus ist der früheste Evangelist. Für ihn war es wichtig, von Jesus so zu erzählen, dass man sich in den Geschichten von ihm selbst wiederfinden kann.

Lukas
Lukas sieht in Jesus vor allem den Heiler (Heiland), der sich den Schwachen, Kranken und Ausgestoßenen zuwendet. Bei Lukas finden sich die Geschichte von der Geburt im Stall, die Gleichnisse vom verlorenen Sohn und vom barmherzigen Samariter. Lukas hat auch die Apostelgeschichte geschrieben.

Johannes
Johannes sieht in Jesus Gottes Gesandten: Jesus kommt von Gott und kehrt zu ihm zurück. Seine Aufgabe auf der Erde ist es, den Menschen Zeichen zu geben: So ist Gott; glaubt an mich – dann glaubt ihr an Gott.

Viele Kirchen und Kirchgemeinden heißen nach den Evangelisten. In der Tradition sind ihnen Zeichen zugeordnet: Engel, Löwe, Stier, Adler (ELSA).

Spannend ist es, die Evangelien zu vergleichen. Die verschiedenen Darstellungen von Jesus erlauben auszuwählen, was für dich das Wichtigste ist.

Das Gleichnis vom Vater und den zwei Söhnen
Jesus erzählt von zwei unterschiedlichen Brüdern. Er sagt: „So verschieden sie auch sind – der Vater hat sie beide lieb." Dieses Gleichnis zeigt, wie Gott ist: Er geht Menschen entgegen, so wie im Gleichnis der Vater.

Das Gleichnis vom Senfkorn
Jesus sagt: „Gottes heile Welt ist wie eine Senfpflanze. Es ist das kleinste Samenkorn, doch es wächst zu einer großen starken Pflanze, in der die Vögel Nester bauen." Dieses Gleichnis zeigt ein Stück von Gottes heiler Welt: Das Kleine wird ernst genommen und wächst über sich hinaus.

Das Gleichnis vom großen Fest
Jesus erzählt: „Ein König wollte ein großes Fest feiern und lud alle Freunde ein. Aber jeder von ihnen hatte etwas anderes vor und keiner konnte kommen. Da schickte der König seine Diener auf die Straßen und Plätze und ließ alle Leute einladen, die ihnen da begegneten. Und sie freuten sich und feierten mit." Dieses Gleichnis zeigt ein Stück von Gottes heiler Welt: Niemand wird ausgeschlossen – aber: wer nicht kommt, verpasst alles.

Das Gleichnis vom barmherzigen Samariter
Jesus erzählt von einem Mann, der unter die Räuber gefallen war: Ein Priester kam vorbei und sah ihn liegen – und half ihm nicht. Ein zweiter frommer Mann kam vorbei und sah ihn liegen – und half ihm nicht. Ein dritter aber, ein Samaritaner, kam und blieb stehen und kümmerte sich um ihn (die Leute aus Samaria wurden damals allgemein verachtet). Dieses Gleichnis zeigt ein Stück von Gottes heiler Welt: Alle können Gutes tun.

Erzählweise Jesu. Jesus erzählte Geschichten aus dem Alltagsleben seiner Zuhörer – oft mit einem verblüffenden Ausgang. Am Ende sagte er: So ist Gott.
Oder: So ist Gottes heile Welt. Jedes Gleichnis hat Stellen, die für Gott offen sind: Gott sucht – *wie* ein guter Hirt – das verlorene Schaf und trägt es heim; Gott bezahlt – *anders* als ein Geschäftsmann – nicht nach Leistung, sondern nach seinem guten Willen.

Gleichnisse sind eine kluge Art, Wahrheiten, die man nicht sehen kann, in Geschichten zu verpacken.

Der barmherzige Samariter ist bis heute ein Beispiel:
Wenn einer Hilfe braucht, frag nicht lange – hilf!

Das, woran du dein Herz hängst, ist dein Gott. So hat es ⁂ Martin Luther gesagt. Er meint: Gott ist das, wonach du dich richtest, woher die Freude am Leben kommt, woraus ein tieferer Sinn unseres Lebens erkennbar wird.

Drei ⁂ Religionen – ein Gott

Wer diesen tieferen Sinn Gott nennt, denkt an einen „Partner", an eine Person, zu der eine Beziehung möglich ist. Juden, Christen und Muslime denken an den, von dem ihre heiligen Schriften sagen, er habe die Welt geschaffen, er erhalte sie und bewahre sie, er achte auf die Menschen und sei ihnen freundlich gesonnen. Er hat der Welt Ordnung und den Menschen Gebote gegeben, damit das Zusammenleben und ihr eigenes Leben gelingt.

Der Gott durch Jesu Augen

Christen denken an Gott, den Jesus Vater genannt hat. Es ist auch der Gott des Alten Testaments (⁂ Bibel) – aber Christen sehen ihn durch Jesu Augen. Das ist ein besonderer Blick, der vor allem darauf achtet, wie Gottes Liebe zu den Menschen immer neue Lebensmöglichkeiten schafft. Gott vergibt, Gott schont, Gott begleitet, tröstet und liebt. Dieser Gott ist manchmal schwer zu verstehen. Deshalb ist er, sagen Christen, in Jesus Christus selbst auf die Erde gekommen und Mensch geworden.

Wie stellst du dir Gott vor? Stellst du ihn dir überhaupt vor? Was kann es nützen, sich einen liebenden Gott vorzustellen, der an deiner Seite geht und der dich mag, so wie du bist?

Einmalig
Menschen erfahren die Nähe Gottes, z.B. ⁂ Mose:
Als er sich dem brennenden Dornbusch nähert, hört er eine Stimme: *Zieh deine Schuhe aus. Der Boden, den du betrittst, ist heilig.* Danach ist Mose noch aufmerksamer. Er weiß, dass ihm etwas Einmaliges geschieht: Gott spricht mit ihm.

Ewig
Die Bibel erzählt, dass im Himmel Engelwesen Gott umgeben, die rufen oder singen: *Heilig, heilig, heilig ist Gott.* Im Gottesdienst gehört dieser Ruf zum Abendmahl.

Offen
Vor dem innersten Raum des Tempels in Jerusalem, dem Allerheiligsten, hing ein Vorhang.
Er trennte Gottes Bereich ab. – Der Evangelist Markus erzählt: Als Jesus am Kreuz starb, zerriss dieser Vorhang von oben bis unten. Der Zugang zu Gottes Bereich ist jetzt offen.

Heute
Die christliche Kirche kann ohne den Heiligen Geist nicht leben. Christen glauben: Der Heilige Geist ist dabei, wenn Pfarrerinnen und Pfarrer taufen und konfirmieren, wenn Missionare predigen, wenn Menschen einander Gutes tun und ihren Glauben bekennen. Er macht Christen zu Geschwistern und verbindet sie mit Jesus Christus. Man sagt, Gott sei drei in eins: *Gott Vater, Sohn und Heiliger Geist.* Die katholische Kirche verehrt *Heilige* – Menschen, durch die Gottes Nähe in besonderer Weise spürbar wurde.

Heilig:
Eigenschaft Gottes und der Personen, Gegenstände, Orte und Zeiten, die zu Gott gehören. Fordert Ehrfurcht. Verspricht Heilung, Trost, neuen Mut.

Heiliger Geist:
Gottes Nähe in der Welt. Als Christus zu Gott zurückkehrte, sandte er den Heiligen Geist als Tröster und Mutmacher für seine Jünger (⁂ Pfingsten). Denn er hatte ihnen gesagt: „Geht hin in alle Welt und sagt weiter, was ihr über Gott und von mir wisst." (Mt 28,18-20)

Stell dir den Heiligen Geist wie einen Tropfen Tinte vor, den du in klares Wasser gibst – er löst sich auf, bis alles Wasser einen Hauch seiner Farbe angenommen hat.
Christen sagen: So ist es auch mit Gottes gutem Geist. Er gibt Mut, Ideen und Lebensfreude.

Islam

⁂ Religion. Glaube an den einen Gott, den der Prophet Mohammed verkündigte. Mit Wurzeln im Judentum und Christentum. Die Gläubigen heißen Muslime. Mit dem Jahr 622 nach Christus beginnt die Zeitrechnung der Muslime. Ihr heiliges Buch ist der ⁂ Koran. In Arabien beheimatet, heute weltweit verbreitet. In Deutschland gibt es über 2 Millionen Türken, die meisten sind Muslime.

Der Name
Islam bedeutet Hingabe – selbstlose Liebe zu Gott. Diese Hingabe drückt sich darin aus, dass ein Gläubiger seinen Tagesablauf und seinen Lebenslauf auf Gott ausrichtet: Er betet fünfmal am Tag, er fastet einen Monat lang, er sehnt sich nach Mekka, er ehrt den Koran und er teilt, was er hat, mit denen, die weniger haben. Liebe zu Gott bedeutet auch: Liebe zu den Mitmenschen.

Die Feste
Der Fastenmonat heißt Ramadan. Ein Muslim/eine Muslima isst und trinkt den ganzen Tag nicht; erst nach Sonnenuntergang darf er/sie sich stärken. Am Ende des Monats Ramadan steht das Zuckerfest: Wie der Name sagt – da wird genascht. Andere islamische Feste sind Neujahr und der Geburtstag des Propheten. Das wichtigste Fest ist das Opferfest (⁂ Abraham).

Die Pilgerfahrt
Die Kaaba in Mekka ist das wichtigste Heiligtum des Islam. Nach Mekka richten Muslime ihre Gebete, nach Mekka sollten sie einmal im Leben pilgern. Im weißen Gewand schreitet der Pilger siebenmal um die Kaaba, berührt den Stein und spricht Gebete. Mekka ist ⁂ heilig; kein „Ungläubiger" (Nicht-Muslim) darf Mekka betreten.

Die „fünf Säulen" des Islam

Daran erkennst du seine Gläubigen:

1. Bekenntnis: Einer ist Gott ...
2. Gebet: Fünfmal am Tag
3. Fasten: Im Fastenmonat Ramadan
4. Almosen: Abgeben und teilen
5. Pilgern: Einmal im Leben nach Mekka

Gebetet wird in der Moschee oder an einem sauberen Ort – man rollt einfach den Gebetsteppich aus.

Bräuche
Nicht alles, was Nicht-Muslimen an Muslimen auffällt, ist religiösen Vorschriften geschuldet, sondern dem Brauchtum: der starke Zusammenhalt in den Familien, die Vorrechte der Männer in Familie und Öffentlichkeit, die Kleidervorschriften: Das Kopftuch ist eher ein kultureller Brauch als eine bindende Vorschrift im Koran.

Scharia
Das islamische Recht, Scharia, wird aus der Religion abgeleitet. Es umfasst Regeln für alle Bereiche des Lebens. So wird bis heute in verschiedenen islamischen Ländern versucht, mit der Scharia zu regieren. Das führt zu großer Unfreiheit, da nicht alle Einwohner dieselben religiösen Überzeugungen haben. Moderne islamische Staaten, wie z.B. die Türkei, trennen politische und religiöse Belange voneinander.

Du triffst in der Klasse, in der Nachbarschaft und überall in deiner Umgebung auf Muslime. Du stellst fest, dass sie zu anderen Zeiten andere Feste feiern als du, dass sie ihren Glauben anders leben, dass in ihren Familien andere Werte gelten als bei dir zu Hause. ANDERS ist spannend. Frag nach. Lass dir das Beten, die Moschee, den Koran erklären. Findet ihr Gemeinsamkeiten?

Lea (Christin) besucht mit Kazim (Muslim) die Moschee.
Sie erfährt, dass man sich vor dem Eintreten die Schuhe ausziehen muss.

In die politischen Auseinandersetzungen der Welt war und ist immer wieder auch „Religion" verwickelt. Da stehen Christen gegen Muslime, schiitische Muslime gegen sunnitische Muslime, evangelische Christen gegen katholische, muslimische Palästinenser gegen jüdische Israelis. Ein fehlgeleiteter Glaube treibt radikale Anhänger dazu, Attentate zu begehen, angeblich für Gott. In aller Welt aber ringen zugleich Gläubige aller Religionen gemeinsam um Frieden.

Jesus Christus

Jesus von Nazareth, Sohn des Zimmermanns Josef vom Stamm Davids und der Maria. Mit seiner Geburt beginnt unsere Zeitrechnung (z.B. Jahr 2008 *nach Christi Geburt*). Als Wanderprediger und Wundertäter zog er durch Galiläa, Samaria und nach Jerusalem. Dort wurde er als Aufrührer („König der Juden") und Gotteslästerer verhaftet, gequält und getötet. Seine Anhänger tauchten zunächst unter, verbreiteten dann aber die gute Nachricht: Jesus ist auferstanden.
Er ist Gottes Sohn, Herr und Richter der Welt.

Jesus – vor seinem Tod
Aus der Zeit seiner Wanderungen sind Worte und Taten überliefert. Manche sind historisch, andere spätere Deutungen. So viel ist erkennbar: Jesus hat sich um Kranke und Schwache gekümmert, er hat die Außenseiter der Gesellschaft nah an sich herangelassen. Er hat mit Menschen gegessen und gefeiert, um die viele einen Bogen machten. Er hat von Gott gesprochen, als kenne er ihn näher und anders als die Gläubigen seiner Zeit: Gott sei sein Vater und der Vater aller Menschen, ein besorgter, liebender Vater, der zwei Dinge erwarte: *Ihr sollt Gott lieben und eure Mitmenschen wie euch selbst.*

Jesus – nach Ostern
Heiland, Gottessohn, Erlöser, Befreier, Herr, ein neuer König David – das alles sind Ehrennamen für Jesus von Nazareth. Sie sind aus der Hoffnung und dem Glauben entstanden, dass in diesem Menschen Gott selbst Mensch geworden ist. Vielleicht haben manche Jesus schon zu seinen Lebzeiten als Gottes Sohn angesehen; der Glaube an ihn aber beginnt nach Ostern. Er entscheidet sich an der Frage: Glaubst du, dass Jesus glaubwürdig von Gott gesprochen hat? Und: Glaubst du, dass Gott sich zu Jesus bekannt und ihn auferweckt hat?

Jesus Christus
Der wichtigste Ehrenname für Jesus ist Christus. Das bedeutet „der Gesalbte" und meint, dass dieser Mensch von Gott erwählt worden ist, alle Menschen zu retten. Es stellt Jesus in einen engen Zusammenhang zu Israels gesalbtem König David. Zu Lebzeiten Jesu hofften die Juden (Judentum) auf einen neuen David, der sie von der Vorherrschaft der Römer, von Armut, Unsicherheit, Unrecht und Unterdrückung befreien und ihnen Gottes Nähe neu schenken sollte, die verloren schien.

Nennst du dich Christ oder Christin?
Bist du getauft und gehörst zur Kirche?
Trägst du ein Kreuz und weißt du, warum?
Was bedeutet: christlich leben?
christliche Nächstenliebe?

Jonas Flucht
Als Gott Jona auftrug, eine Botschaft auszurichten, bekam der Angst und floh. Auf seiner Flucht wäre er beinahe ertrunken. Es heißt, ein Fisch habe ihn gerettet, indem er ihn schluckte. Drei Tage war Jona im Bauch des Fisches. Dann spuckte der Fisch ihn an Land.

Gottes Auftrag
Das war die Botschaft: Wenn die Menschen in Ninive sich nicht ändern, wird es ein böses Ende mit ihnen nehmen. Schließlich richtete Jona die Botschaft doch noch aus. Die Menschen von Ninive änderten sich und das böse Ende blieb ihnen erspart. Da war Jona zornig auf Gott, weil nicht geschehen war, was er angekündigt hatte. Gott aber sagte zu ihm: „Warum freust du dich nicht, dass die Menschen in Ninive sich besonnen haben?"

⁂ Schriftprophet. Nach der Erzählung des Jona-Buches floh Jona vor Gott. Seine Flucht endete im Bauch eines großen Fisches. Jona sagte der Stadt Ninive den Untergang an und brachte sie so zur Umkehr.

Die drei Tage im Bauch des Fisches – die haben Künstler zum Gestalten angeregt. Es gibt Bücher, Bilder und Skulpturen von Jona im Fisch. Drei Tage im Fisch – was ist ihm da geschehen? In der Bibel steht, dass Jona gesungen und gebetet hat. Und als er wieder herauskam, war er verändert.

Man liest das Buch Jona auch als ⁂ Gleichnis:
Wie Jona drei Tage im Fisch war, so war Jesus drei Tage im Tod.

Judentum: → Religion.
Glaube an den einen Gott, der die Kinder Israels einst aus Ägypten befreite.
Das heilige Buch der Juden ist die hebräische Bibel, bestehend aus der Weisung (Tora), den Propheten und den Schriften (die Christen nennen die heilige Schrift der Juden das Alte Testament).
Ihr größtes Fest ist das Passafest zum Gedenken an die Befreiung aus Ägypten.

Volk Israel:
Nach 1 Mose 32,23–33 erhielt der Erzvater Jakob von Gott den Namen Israel.
Sein Stamm wanderte nach Ägypten aus (Josefsgeschichten: 1 Mose 37.39–50), dort später versklavt.
Von → Mose befreit.

Die Kinder Israels
Jakob war ein Enkel von → Abraham, zu dem Gott einmal sagte: „Ich will aus dir ein großes Volk machen und du sollst ein Segen sein für alle Völker." Jakob lebte in Kanaan und hatte zwölf Söhne, darunter Josef, der nach Ägypten verschleppt wurde, und Levi, von dem → Mose und der Priester Aaron abstammen. Jakobs Söhne gründeten zwölf große Familien; daraus wurden *Stämme.*

Das Volk Israel
Als → Mose die Stämme Israels aus Ägypten zurück nach Kanaan führte, tat er das – nach 2 Mose 3 – im Auftrag Gottes, der gesagt hatte: „Ich habe das Schreien meines Volkes gehört. Ich will sie befreien." Am Berg Sinai, mitten auf dem Weg, schloss Gott mit dem befreiten Volk Israel einen Bund. Er sagte: „Ihr sollt mein Volk sein und ich will euer Gott sein." (2 Mose 19) Er gab dem Volk die → Zehn Gebote (2 Mose 20). Zuvor hatte er Mose seinen Namen gesagt: „Ich bin, der ich bin, und ich bin für euch da" – JAHWE. So wurde, nach jüdischem Glauben, aus den Stämmen ein *Volk.* Der Bund mit Gott einte es.

Die Stämme Israels siedelten in Kanaan. Dort kämpften sie gegen andere Völker, die das gleiche Land beanspruchten. Sie hielten anfangs nur locker zusammen, in Kriegsgefahren vereinigten sie sich unter einem Anführer, den Gott ihnen sandte. Diese Führer wurden *Richter* genannt.

→ David wurde *König* über das Volk Israel. David und sein Nachfolger Salomo regierten ein großes Königreich. Es zerfiel aber bald in zwei Teile: Israel und Juda. Fremde Völker, wie die Babylonier und die Perser, kamen an die Macht und herrschten über das Land, das einst David regiert hatte. Das Volk Israel verlor zwar seine politische Selbstständigkeit. Seine Verbindung zu Gott aber gab es nicht auf.

Immer wieder traten → Propheten auf, die das Volk Israel mahnten, Gott die Treue zu halten.
Nach dem Ende der Königszeit machten sie Mut und sagten: „Gott hat euch nur eine kleine Weile verlassen. Er wird euch wieder retten" (z.B. Jesaja 54,7–10).

Gottes Volk
Zur Zeit Jesu nannte man das Volk Israel – nach dem Stamm Juda – Juden. Die Juden waren Untertanen des römischen Kaisers. Aber an ihrem Glauben an den Gott ihrer Väter hielten sie fest. Sie hielten sich an die Überlieferung und an die Lebensregeln der Tora. Dass Gott ihrem Volk besonders verbunden sei, dass er es *erwählt* habe, dieser Glaube hält Juden bis heute fest zusammen.

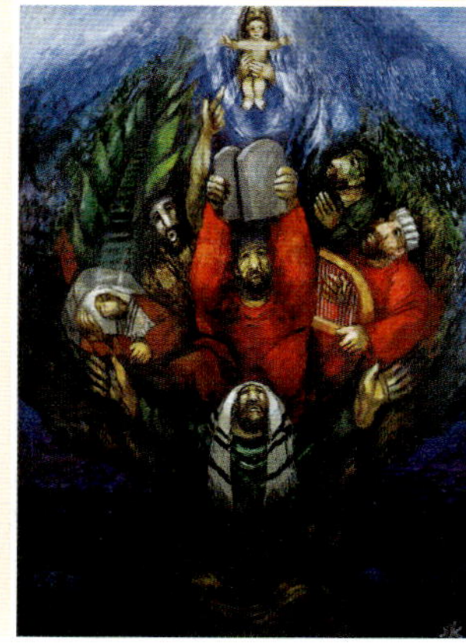

Jesus war Jude. Er gehört zu dem Volk, das sich als Nachkommenschaft der Kinder des Erzvaters Israel (Jakob) betrachtet. Er steht damit in der langen Geschichte einer FAMILIE, eines VOLKES und in der Geschichte dieser Familie und dieses Volkes mit GOTT.

Judentum
Juden glauben nicht, dass Jesus Gottes Sohn ist. Sie glauben aber an denselben Gott, den Jesus Vater nannte und zu dem Christen weltweit beten, wenn sie sagen: „Vater unser."

Juden und Christen
Juden und Christen, besonders in Deutschland, verbindet eine unheilvolle Geschichte. Unter der Schreckensherrschaft Adolf Hitlers wurden in Deutschland und Europa Millionen von Juden verfolgt, gequält und ermordet.

Der Staat Israel
Nach dem Zweiten Weltkrieg wurde der Staat Israel gegründet, auf dem Boden des alten Kanaan. Juden, die über die ganze Welt zerstreut waren, wanderten in Israel ein. Dieses Land war aber nicht leer. Dort leben Araber, z.B. die Palästinenser. Sie sind zum großen Teil Muslime. Es gibt auch Christen. Hass entstand, wo Einwanderer auf Einheimische trafen.

Die Judenverfolgung im Hitler-Deutschland (Schoa) stellt uns eine Aufgabe: So etwas darf nie wieder geschehen. Heute gibt es viele Bemühungen, Christen und Juden zu versöhnen. Eine andere Aufgabe ist es, den Frieden zwischen dem Staat Israel und seinen Nachbarn im Nahen Osten herzustellen.

Kirche

Haus Gottes. Aus dem Griechischen (kyriaké = Haus des Herrn).

Als ⁂ Mose – nach 2 Mose 24,12 – von Gott zwei Steintafeln mit den ⁂ Zehn Geboten bekommen hatte, baute er einen Kasten, um sie darin aufzubewahren (die Bundeslade) – und er baute ein Zelt darum herum, um sie auf der Wüstenwanderung zu schützen. Später, in Israel, baute König Salomo einen *Tempel,* Gottes Haus auf Erden.

Die ersten Christen versammelten sich in Privathäusern. Später bauten sie besondere Versammlungshäuser für den sonntäglichen Gottesdienst. Als Europa christlich wurde, wurden diese Versammlungshäuser immer größer, prunkvoller und auffälliger.

Gehört zu einer Kirche ein Turm? Eine Glocke? Innen finden sich auf jeden Fall ein Altar, ein Kreuz, eine Kanzel und ein Taufbecken, meistens eine Orgel und oft viele Kunstschätze. Viele Menschen, Christen oder nicht, besichtigen in fremden Städten zuerst die Kirchen. Da kann man ein Gefühl dafür bekommen, wie Menschen sich Gott nähern wollen.

Familie Gottes. Gemeinschaft der Christen.

Als Geschöpfe (⁂ Schöpfung) sind alle Menschen Gottes Kinder. Als Christen sind sie Jesu Geschwister – und damit erst recht Gottes Kinder.

Geschwister sind sich nicht immer einig. Es gibt nicht *eine* christliche Kirche, sondern es gibt die Kirche in verschiedener Gestalt: z. B. orthodox, katholisch, evangelisch. Trotz der Unterschiede sind sich diese Glaubensgemeinschaften aber einig im Glauben an Gott, den Vater, den Sohn und den Heiligen Geist.

Paulus sagt, dass Christen wie Glieder an einem Körper sind (1 Kor 12). Seitdem Jesus Christus nicht mehr auf der Erde ist, sind die Christen seine Hände, seine Füße, seine Augen und sein Mund. Was in Christi Sinn getan werden muss, das tun Menschen, begleitet von Gottes Segen, beflügelt vom ⁂ Heiligen Geist.

Bist du Mitglied einer Kirche, einer Gemeinde? Hast du das Kirchgebäude deiner Gemeinde schon einmal von innen angeschaut? Da gibt es viel zu sehen – und in der Gemeinde: viele Angebote zum Mitmachen.

Nach dem Glauben der Muslime hat der Prophet Mohammed die Worte des Korans vom Erzengel Gabriel erfahren. Sie kamen direkt von Gott. Mohammed hat sie Wort für Wort seinen Freunden erzählt, die sie dann aufschrieben. So sind sie, Silbe für Silbe, Gottes wahres Wort und darum heilig. Übersetzungen des arabisch verfassten Korans sind dagegen nur ein Abbild, sie sind „nicht richtig echt".

Heilige Schrift der Muslime. Besteht aus 114 Suren (= Abschnitten). 113 Suren beginnen mit der Bismillah, der Formel: „Im Namen Gottes, des Allerbarmers, des Barmherzigen".

Jeder arabisch geschriebene Koran genießt hohe Verehrung, die sich in verschiedenen Formen ausdrücken kann. Zum Beispiel wird der Koran oft im Bücherregal an oberster Stelle aufbewahrt. Denn er steht in seiner Würde über den anderen Büchern. Viele Muslime waschen sich rituell, bevor sie Gottes Wort in Buchform berühren. Kein gläubiger Muslim würde einen Koran einfach auf den Boden legen.

Die beschriebene Ehrfurcht gilt nicht der Gestalt des Buches, sondern dem Gehalt. Du kannst das nur verstehen, wenn du die Geschichte kennst, die erzählt, wie Mohammed Gottes Wort erfuhr. So ist es mit vielen Dingen – den einen bedeuten sie innerlich viel, andere sehen nur das Äußere. Was gibt es in deinem Leben, das du besonders sorgsam behandelst?

Die Suren des Korans erzählen nicht Geschichten, wie du sie aus der Bibel kennst. Sie kennen aber zum Teil dieselben Gestalten, z.B. Abraham und Sara, Hagar und Ismael, Jakob und Mose, Samuel und auch Jesus. Jesus heißt im Koran Isa. Er wird als Prophet, aber nicht als Gottes Sohn angesehen.

Kreuz

Wichtigstes Symbol des Christentums. Das Kreuz erinnert an Tod und ⁂ Auferstehung ⁂ Jesu Christi. Zugleich ist es ein Bekenntnis – wer ein Kreuz trägt, sagt: „Ich bin Christ."

Etwa im Jahr 30 n.Chr. hält Jesus sich vor dem ⁂ Passa in Jerusalem auf. Vielleicht spürt er, dass ihn eine tödliche Auseinandersetzung mit dem Hohen Rat und den römischen Machthabern erwartet. Für sie ist Jesus ein gefährlicher Mann, denn er versteht es zu überzeugen. Sein Eintreten für die Schwachen in der Gesellschaft und sein ungewohntes Reden über Gott haben ihn verdächtig gemacht.

Am Abend vor seiner Hinrichtung feiert Jesus noch einmal mit seinen Freunden ein gemeinsames Mahl (Abendmahl). Kurz danach wird er verhaftet. Seine Freunde lassen ihn auf seinem schweren Weg im Stich. Jesus wird beschuldigt, er gäbe sich als König der Juden, als neuer ⁂ David aus. Jesus wird zum Tod am Kreuz verurteilt. Diese grausame und erniedrigende Hinrichtung ist für seine Anhänger eine große Enttäuschung.

Von ⁂ Ostern her betrachtet konnte Jesus aber gerade durch diesen schrecklichen Tod seine Glaubwürdigkeit zeigen, seine Liebe zu den Menschen und dass der Tod keine Macht über ihn hat. *Christus ist auferstanden,* jubeln Christen zu Ostern. *Er ist wahrhaftig auferstanden.*

Die Fastenzeit vor Ostern, der Gründonnerstag, der Karfreitag – all das sind bis heute Zeiten, an denen Christen sich an die Kreuzigung und an Christi Leidensweg erinnern. Das Kreuz ist ein Zeichen, z.B. an Kirchen, auf den Gewändern von Priestern, am Hals von Mönchen, Nonnen und Laien.

Lebenslauf
Martin Luther wurde Mönch und studierte Theologie.
1517 veröffentlicht Luther seinen Protest (95 Thesen): Es heißt, er schlug sie an der Tür der Wittenberger Schlosskirche an.
Die Kirche reagierte mit strikter Ablehnung. Da Luther aber nichts zurücknehmen wollte, wurde er schließlich für „vogelfrei" erklärt. Sein Landesfürst rettete ihn und ließ ihn auf der Wartburg verstecken. Dort übersetzte Luther die Bibel ins Deutsche.

Anstöße
Luther hielt es für falsch, dass nur Priester in der Bibel lesen und den Menschen sagen, was sie glauben sollen. Luther wollte, dass jeder sich selbst ein Bild machen kann.

Luther hielt es für falsch, den Gläubigen Angst vor dem Fegefeuer zu machen und ihnen dann einzureden, sie könnten sich freikaufen (durch Spenden an die Kirche – Ablass).

Luther hielt es für falsch, die Menschen in dem Glauben zu lassen, sie könnten durch gute Taten sich selbst bei Gott „lieb Kind" machen. Luther sagte: Nur Gottes Liebe macht euch zu seinen Kindern. Gott hat euch von Anfang an lieb.

Maßnahmen
Luther übersetzte die Bibel ins Deutsche.
Luther schrieb seine Meinung über Gott auf und belegte sie mit Texten aus der Bibel.
Luther fand eine neue Gestalt für den Gottesdienst: Gottesdienst ist kein Geheimnis, sondern alle können mitmachen.

Reformator, 1483–1546.
Nimmt Anstoß an Lebensformen der Kirche.
Seine Kritik wird vom Papst nicht geduldet. Luther wird exkommuniziert (aus der Kirche ausgeschlossen).
Sogar sein Leben ist in Gefahr. Er hat aber mächtige Freunde.
Sein Protest geht nicht unter, es entsteht eine neue Kirche: evangelisch/protestantisch.

Wer Christ ist, ist z.B. evangelisch, katholisch, orthodox. Jeder sollte wissen, was er ist – und die wichtigsten Unterschiede kennen. Noch wichtiger aber ist das: ob evangelisch oder katholisch – es ist ein Glaube an EIN UND DENSELBEN Gott, den Vater Jesu Christi.

Seit damals haben sich beide Kirchen, die katholische und die evangelische, weiterentwickelt. Wer weiß: Vielleicht wäre Luther heute katholisch? Trotzdem bleiben Unterschiede. Die katholische Kirche verehrt Heilige, vor allem Jesu Mutter Maria. Das tun evangelische Christen nicht. Eine katholische Messfeier ist ohne Priester nicht möglich; in der evangelischen Kirche spricht man vom „Priestertum aller Gläubigen". Schließlich: Die katholische Kirche hat an ihrer Spitze den Papst.

Mohammed

Religionsgründer. Letzter und entscheidender ⁂ Prophet des ⁂ Islam. Das Glaubensbekenntnis der Muslime heißt: Es ist kein Gott außer Gott und Mohammed ist sein Prophet.

Im Jahr 570 n. Chr. wurde Mohammed in der Stadt Mekka in Arabien geboren. Seine Eltern starben früh, so dass der junge Mohammed bei verschiedenen Verwandten aufwuchs. Später wurde er Kaufmann. Er heiratete die wohlhabende Kaufmannswitwe Chadidscha.

Bei seinen Reisen in die Nachbarländer lernte er den Glauben der Juden und Christen an *einen* Gott kennen. In der Einsamkeit bemühte sich Mohammed, den wahren Gott zu erkennen. Nach islamischem Glauben hat er im Jahre 610 n. Chr. Offenbarungen erlebt.

Nach diesem Erlebnis rief Mohammed alle Menschen zum Glauben an den einzigen Gott und Schöpfer auf.
Wenige glaubten ihm. Die reichen Leute von Mekka verlachten und verfolgten ihn.

Im Jahre 622 n. Chr. wanderte Mohammed von Mekka nach Medina aus (Beginn der muslimischen Zeitrechnung). Von hier aus begann die schnelle Ausbreitung des Islam.

630 n. Chr. gelang es Mohammed, Mekka zu erobern. Es wurde der religiöse Mittelpunkt des Islam. Im Jahre 632 n. Chr. starb Mohammed.

Mohammeds Name, arabisch geschrieben.

Das Verhältnis der Muslime zu Mohammed ist für Außenstehende schwer zu begreifen: Er ist kein Gott und wird nicht angebetet. Und doch ist er unantastbarer als z.B. die Heiligen der katholischen Kirche: Witze über Mohammed zu machen oder abfällig von ihm zu sprechen gilt aus muslimischer Sicht als Verbrechen. Auch wer das anders sieht, sollte Ehrfurcht vor den Gefühlen der Gläubigen haben.

Wegen seines Glaubens verlacht und verfolgt – das hat Mohammed mit vielen Menschen gemeinsam, die für eine Überzeugung einstehen, die neu und anders ist …

Moschee

Gebetshaus der Muslime (⁂ Islam). In der Türkei und im arabischen Raum oft große Kuppelbauten mit einem oder mehreren hohen, schlanken Minaretten. In Deutschland bisweilen schlichte Wohnhäuser. Zur Grundausstattung gehören die Kanzel und die Gebetsnische – keine Bänke oder Stühle.

Vor dem Betreten der Moschee werden die Schuhe ausgezogen.
Die Gläubigen waschen sich rituell, d.h.: Es geht um eine *symbolische* Reinigung.

Die Gebetsnische zeigt die Gebetsrichtung an – sie weist nach Mekka (⁂ Islam). Beim Beten werden bestimmte Gebetshaltungen angenommen, zum Beispiel kniet man und verneigt sich. Die Stirn berührt dabei den Boden. Das bedeutet:
Vor Gott bin ich ganz klein. Aber ich weiß, ich kann mich in seine Hände geben.
Von der Kanzel wird aus dem ⁂ Koran vorgelesen, in arabischer Sprache.

Dies ist eine Moschee in Deutschland.
Du siehst
① die Kanzel für die Lesung,
② die Gebetsnische,
③ ein kleines Podest für den Gebetsruf,
④ einen Raum für die Waschungen.

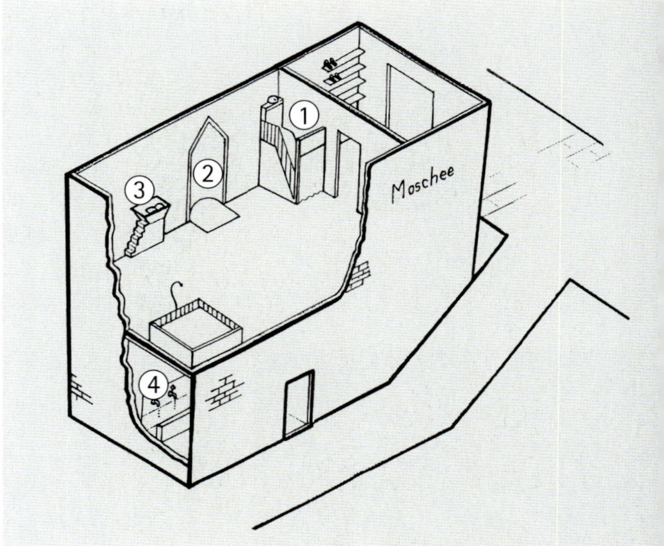

Ein Minarett ist traditionell der Ort, von dem aus der Muezzin (Rufer), fünfmal am Tag zum Gebet ruft.
Heute sind dort oben meistens nur Lautsprecher. Muslime in Deutschland verlassen sich auf ihre Uhr – es gibt sogar „Gebetswecker".

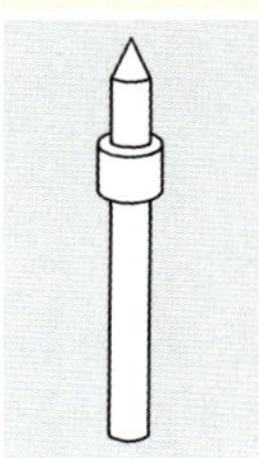

Auch wenn du kein Muslim bist, kannst du eine Moschee besuchen. Lass dich von einem Muslim mitnehmen und herumführen. Er zeigt dir auch, wie das mit dem Waschen und dem Beten geht – und kann erklären, was es bedeutet.

Mose

Wichtige Gestalt in ⁂ Judentum, Christentum und Islam. Nach den Geschichten des zweiten Mose-Buchs führte Mose die Israeliten aus ägyptischer Sklaverei in die Freiheit – in Gottes Auftrag und mit Gottes Hilfe. Verkündete als Mittler zwischen Gott und dem Volk am Sinai die ⁂ Zehn Gebote bzw. die ⁂ Tora. Beim Auszug aus Ägypten feierte Israel das erste Passa-Fest (⁂ Passa/Exodus).

Die Familie des Erzvaters Jakob (Israel; ⁂ Judentum/Volk Israel) war während einer Hungersnot nach Ägypten gezogen und dort freundlich aufgenommen worden. Später zwang ein neuer Pharao (König Ägyptens) sie zu Sklavendiensten, besonders zur Herstellung von Ziegeln für seine Prunkbauten. Außerdem befahl er, männliche Neugeborene der Israeliten zu töten.

Den neugeborenen Mose setzte seine Mutter daher in einem Binsenkörbchen im seichten Wasser am Ufer des Nils aus. Dort fand ihn eine ägyptische Prinzessin. Sie zog den Jungen groß. Als Mose erwachsen war, erfuhr er von seiner Herkunft. Das Leid seines Volkes machte ihn wütend. Er erschlug einen der ägyptischen Sklavenaufseher. Er floh und lebte viele Jahre in der Fremde. Nach 2 Mose 3 hatte er dort eine Gotteserscheinung: In einem brennenden Dornbusch sprach Gott zu ihm: „Ich habe das Weinen meiner Kinder gehört. Geh zum Pharao und sag ihm: Er soll mein Volk ziehen lassen." Gott nannte Mose seinen Namen: „Ich bin, der ich bin, und ich bin für euch da."

Mose wurde zum Führer des unterdrückten Volkes. Er verhandelte zäh mit dem Pharao. Eines Nachts brachen die Israeliten heimlich auf (⁂ Passa/Exodus). Der Pharao verfolgte sie bis an ein Schilfmeer. Später erzählten die Israeliten, Gott habe sie durch ein Wunder gerettet: Das Wasser habe ihnen Platz gemacht, so dass sie trockenen Fußes hindurch konnten.

Wunder begegneten ihnen auch in der Wüste. Sie erhielten Brot vom Himmel und Wasser aus dem Fels. Am Sinai schloss Gott mit ihnen einen Bund (⁂ Zehn Gebote u.a.). Vierzig Jahre dauerte ihre Wanderung, bis sie am Jordan standen, dem Grenzfluss zum „Gelobten Land". Mose starb, bevor das Volk den Jordan überquerte. (3–5 Mose)

Was Mose mit Gott erlebte, bewegt bis heute die Menschen:
Ein Gott, der das Leid der Unterdrückten ernst nimmt und Wege findet, sie zu befreien, macht Hoffnung.

Die schwarzen Sklaven in Amerika machten sich diese Hoffnung zu Eigen, ebenso die Armen und Ausgebeuteten in vielen Staaten Südamerikas. Unrecht schreit zum Himmel und von dort wird Hilfe kommen – das bedeutet der Gottesname „Ich bin, der ich bin, und ich bin für euch da".

Christliches Fest am Sonntag nach dem ersten Frühjahrsvollmond. Voraus geht eine siebenwöchige Fastenzeit, beginnend mit Aschermittwoch. Die Karwoche beginnt mit dem Palmsonntag (Einzug Jesu in Jerusalem) und endet mit dem Jubel der Osternacht: *Er ist auferstanden, er ist wahrhaftig auferstanden!*

Der ✝ Evangelist Markus berichtet, dass Frauen am frühen Sonntag die Grabhöhle Jesu offen und leer vorfanden. Ein Engel sagte ihnen, dass Jesus auferstanden sei. Sie hatten aber Angst und liefen davon. Lukas dagegen erzählt, dass die Frauen den Jüngern Bescheid sagten. Die Neuigkeit verbreitete sich jedenfalls. Erste Gemeinschaften bildeten sich, die dies zu ihrem Glaubensbekenntnis machten: Jesus, der tot war, ist auferstanden.

Schon damals gab es Menschen, die sagten: „So etwas gibt es nicht. Das mit dem leeren Grab ist ein Trick der Anhänger Jesu. Sie wollen die Wahrheit nicht wahrhaben: Jesus ist tot." Die Jünger aber blieben dabei: „Wir fühlen, dass er lebt. Er spricht mit uns. Er gibt uns Kraft."

Es gibt viele Versuche, zu erklären, was damals wirklich geschehen ist. Entscheidend ist die Hoffnung, die sich ausdrückt, wenn man sagen kann: „Die Menschen konnten Gottes Sohn zwar töten – aber Gott hat den, der tot war, wieder lebendig gemacht."

Wahrscheinlich feierst du Ostern. Aber wie? Was gehört für dich zu Ostern dazu? In Mitteleuropa erwacht um Ostern die Natur sichtbar zu neuem Leben.
Was im Herbst und Winter tot aussah, bekommt Knospen und Blüten.
Die Sonne scheint wärmer, Menschen atmen auf.
Für Christen bedeutet Ostern mehr: Jesus lebt und wir alle sollen auch leben.

Papst · Katholisch

Papst.
Oberhaupt der weltweiten katholischen Kirche. Wird auf Lebenszeit gewählt. Gilt als Nachfolger von ☩ Petrus. Regiert den Kirchenstaat Vatikan, mitten in Rom.

Man kann sich die katholische Kirche wie eine Pyramide vorstellen:

Papst
Kardinäle Kardinäle Kardinäle
Bischöfe Bischöfe Bischöfe Bischöfe Bischöfe
Priester Priester Priester Priester Priester Priester Priester
Gläubige Gläubige Gläubige Gläubige Gläubige Gläubige Gläubige

Wenn es verschiedene Meinungen über den Glauben, über die Bedeutung bestimmter Bibelstellen oder die Zustände in der Kirche gibt, entscheidet der Papst – und alle müssen sich danach richten (seit 1870 verbindlich). Im Mittelalter hatten die Päpste sogar Macht über Länder und Herrscher. Ein Papst hat Karl den Großen zum Kaiser gekrönt. Heute zeigt sich die Bedeutung des Papstes ebenfalls in der Öffentlichkeit: Wenn der Papst in andere Länder reist und dort Gottesdienst hält, füllen sich ganze Fußballstadien.

Großes öffentliches Interesse fand die Wahl des deutschen Kardinals Joseph Ratzinger zum Papst Benedikt XVI.
Eine riesige Zeitungsschlagzeile jubelte: „Wir sind Papst!"

Katholisch.
Es gibt katholische, evangelische und andere Christen. Sie teilen den Glauben an Gott, den Vater, den Sohn (den auferstandenen Christus) und den ☩ Heiligen Geist. Typisch katholisch: Papst, Heiligenverehrung, besondere Verehrung von Maria; nur Männer dürfen Priester werden – und sie dürfen nicht heiraten (Zölibat).

Die katholische Messfeier spricht alle Sinne an: Auge, Nase, Mund und der ganze Körper feiern mit. Es gibt Bilder von Maria und den Heiligen, das Ewige Licht u.a.; der Priester trägt ein festliches Gewand. Es riecht (bei großen Festen) nach Weihrauch. Die Gemeinde singt und betet. Beim Betreten der Kirche bekreuzigen sich die Gläubigen. Sie verneigen sich vor dem Altar. Sie knien zum Gebet.

Katholische Kinder feiern um ihr 10. Lebensjahr herum das Fest ihrer Ersten Kommunion. Ungefähr mit 14 Jahren werden sie gefirmt. Evangelische Kinder feiern in diesem Alter Konfirmation.

In beiden Fällen hat dieses Fest mit dem Erwachsenwerden zu tun:
Die Kinder nehmen nun aktiv am Leben der Gemeinde teil. Während bei der Taufe die Eltern und Paten für sie gesprochen haben, bekennen sie nun selbst ihren Glauben.

Jüdische Feste machen Vergangenheit lebendig: „Wisst ihr noch, wie Gott uns aus der Sklaverei in Ägypten befreite? Wisst ihr noch, wie Gott auf der langen Wanderung durch die Wüste zu uns hielt und für uns sorgte? Wisst ihr noch, wie er uns die Zehn Gebote schenkte, damit wir gut leben können?"

Am Abend vor dem Passafest, dem *Sederabend*, erinnern sich die Juden an die harte Zeit in Ägypten – sie erinnern sich, indem sie schmecken, sehen und hören, wie das war:

- Sie essen Petersilie. Denn seit der Schöpfung hat Gott die Menschen mit Früchten und Kräutern versorgt.
- Sie essen ungesäuertes Brot, *Mazzen*. Denn damals, als man sich zur Flucht vorbereitete, hatte man keine Zeit, einen Brotteig zu säuern.
- Sie tauchen es in Salzwasser. Denn in der Sklaverei in Ägypten haben sie geweint.
- Sie essen bittere Kräuter. Denn die Zeit in Ägypten war bitter.
- Sie singen und erzählen von ihrer Not und ihrer Befreiung.
- Sie danken Gott für die Befreiung und loben ihn.
- Sie hoffen, dass Gott sie, wie damals, auch in Zukunft retten wird.

Passa.
Wichtigstes Fest im ⁂ Judentum. Erinnert an die Befreiung der Israeliten aus Ägypten (⁂ Mose).

Exodus.
Nach 2 Mose: Mose führte die Israeliten aus der ägyptischen Sklaverei in die Freiheit. Es wird erzählt, dass Gott beim Aufbruch und auf der langen Wüstenwanderung viele Wunder tat, um seinem Volk zu helfen. Er zeigte sich Mose und gab ihm Gebote. All diese Ereignisse werden unter dem Stichwort Exodus (Auszug) zusammengefasst.

Andere jüdische Feste sind das Wochenfest (Schawuot), das Laubhüttenfest (Sukkot), das Lichterfest (Chanukka), das Fest der Lose (Purim). Sie alle erinnern an besondere Gotteserfahrungen des Volkes Israel.

Sedertisch in der jüdischen Gemeinde Göttingen – eine wichtige „Zutat" ist nicht auf dem Bild ...

Diese Feste zeigen uns: So lebendig kann man Vergangenheit feiern – mit allen Sinnen! So sehr kann man sich über eine Befreiung freuen, die man selbst gar nicht erlebt hat! Daraus kann man Hoffnung ziehen für das eigene Leben und die eigene Zukunft!

Apostel. Verbreitete die Nachricht von Jesus und seiner Auferstehung unter Griechen und Römern („Heiden") im gesamten Mittelmeerraum. Gelehrter des jüdischen Glaubens. Verfolgte anfangs die ersten Christen, wurde dann selbst Christ. Gründete Gemeinden. Schrieb ihnen Briefe über den Glauben und das christliche Leben. Die Paulusbriefe in der Bibel sind älter als die Evangelien.

Bekehrung
„Saul, Saul, warum verfolgst du mich?", soll Jesus in einer Licht-Erscheinung gerufen haben, als Paulus auf dem Weg nach Damaskus war, um Christen zu verhaften. Das erzählt in der Bibel die Apostelgeschichte. Paulus war geblendet und wurde wieder sehend, als er seinen Irrtum erkannte. In Damaskus ließ er sich taufen und predigte von da an den neuen Glauben.

Wirken
Drei große Missionsreisen hat er unternommen. Viele haben ihm geglaubt, aber er wurde auch ausgelacht, beschuldigt und eingesperrt. In Athen hielt er eine berühmte Rede. In Jerusalem wurde er schließlich verhaftet und zur Verurteilung nach Rom geschickt. Der römische Kaiser verlangte von seinen Untertanen, dass sie ihm als Gott huldigten. Wer das – wie die Christen – verweigerte, wurde als Staatsfeind verfolgt. Paulus ist möglicherweise in Rom hingerichtet worden.

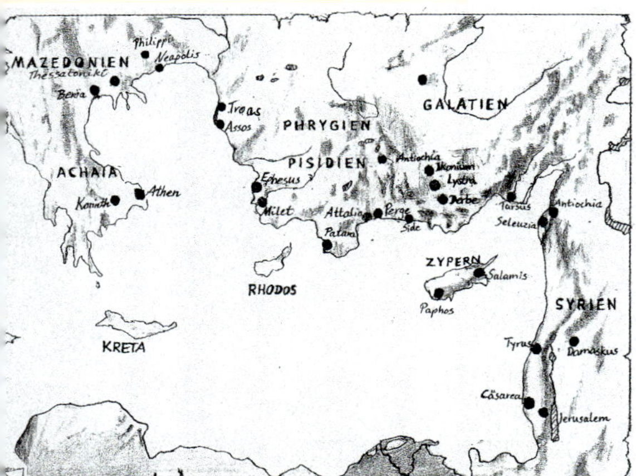

Lehre
Paulus erklärte den Gemeinden in seinen Briefen, welche Bedeutung Tod und Auferstehung Jesu haben; welche Hoffnung sie haben können und wie sie miteinander umgehen sollen:

„Welche der Geist Gottes treibt, die sind Gottes Kinder." Römer 8,14
„Ich bin gewiss, dass weder Tod noch Leben, weder Engel noch Mächte noch Gewalten, weder Gegenwärtiges noch Zukünftiges, weder Hohes noch Tiefes noch eine andere Kreatur uns scheiden kann von der Liebe Gottes." Römer 8,38f.
„Also bleiben Glaube, Hoffnung, Liebe, diese drei. Aber die Liebe ist die größte unter ihnen."
1 Korinther 13,13

Paulus entdeckte zwei Dinge, die bis heute wichtig sind: Dass Gott alle Menschen liebt, nicht nur „sein Volk" Israel; und dass Gott die Menschen von Anfang an liebt und nicht darauf wartet, ob sie seine Liebe „verdienen".

Bei Paulus hat auch Martin Luther gelernt: Wir können uns frei fühlen zu guten Taten, weil Gottes Liebe uns den Rücken stärkt.

Apostel. Wortführer der Jünger Jesu. Ursprünglich Fischer am See Genezaret. Der Evangelist Markus erzählt: Zusammen mit seinem Bruder Andreas gab Petrus seinen Beruf auf und folgte Jesus. Seit Pfingsten mutiger Prediger des neuen Glaubens – zuerst unter den Juden, dann auch unter Griechen und Römern („Heiden").

Berufung
„Du sollst Menschenfischer werden", soll Jesus zu dem Fischer *Simon* gesagt haben. Petrus, mein Fels, nannte Jesus ihn später. Unter den zwölf Jüngern, die Jesus dauerhaft begleiteten, fällt Petrus immer wieder auf. Er ist es, der bekennt, Jesus sei der „Christus" – der erhoffte neue David, von dem die Propheten sprachen (Mk 8,29). Er möchte, wie Jesus, auf dem Wasser gehen (Mt 14,28). Er verspricht, Jesus niemals im Stich zu lassen. Als Jesus verhaftet werden soll, zieht Petrus das Schwert, um ihn zu verteidigen (Mt 26,51f.) . Aber nach der Verhaftung bekommt Petrus Angst. Dreimal sagt er: „Nein, ich kenne Jesus nicht." (Mt 26,69ff.)

Wirkung
Am Pfingsttag ist es Petrus, der vor die Menge tritt und laut von Jesus und seiner Auferstehung spricht (Apostelgeschichte 2). Er gründet die erste Gemeinde in Jerusalem und erzählt überall im Land von dem neuen Glauben. Der römische Hauptmann Kornelius lässt sich von ihm taufen (Apg 10). Von da an predigt Petrus auch bei den „Heiden".

Der Legende nach wurde Petrus während der Christenverfolgung in Rom gekreuzigt – verkehrt herum, wie es heißt.

Zum Glück ist die Zeit, in der Menschen wegen ihres Glaubens verfolgt und getötet wurden, für uns in Westeuropa fern. Spielt es heute überhaupt noch eine Rolle, woran jemand glaubt? Wofür lohnt es sich, aufzustehen und seine Meinung zu sagen, auch wenn andere sie falsch finden?

Der Papst sitzt „auf dem Stuhl Petri", das soll heißen: Er ist sein Nachfolger als Fels der Kirche.

Pfingsten

Christliches Fest fünfzig Tage nach Ostern. Gilt als Geburtstag der Kirche, weil an diesem Tag die Jünger den Mut fanden, die Botschaft von der Auferstehung Jesu Christi öffentlich zu verkündigen. Dieser Mut wird auf das Wirken des ✣ Heiligen Geistes zurückgeführt, die dritte Gestalt Gottes (Gott: Vater, Sohn und Heiliger Geist).

Urgemeinde

Der ✣ Evangelist Lukas berichtet in der Apostelgeschichte, dass die Jünger am jüdischen Erntedanktag (Schawuot) in Jerusalem versammelt waren. Viele Fremde waren in der Stadt, um den Tempel zu besuchen. Da kam es wie ein Brausen und wie Feuerflammen über die Jünger: Gerade waren sie noch ängstlich und niedergeschlagen, dann aber mutig und froh. ✣ Petrus predigte von der Auferstehung. Es heißt, dass alle, die ihn hörten, ihn verstanden – als spräche er in ihrer Muttersprache.

Ökumene

Der neue Glaube an Jesus Christus verbreitete sich über die ganze bewohnte Welt (Ökumene). Heute ist das Christentum eine der fünf Weltreligionen. Viele Menschen wundern sich immer wieder, wie aus so kleinen Anfängen eine so große Gemeinschaft wachsen konnte. Christen sagen: Das war die Kraft des Heiligen Geistes.

Kirche

Die Wirkung des Christentums hat auch mit bestimmten Zügen des christlichen Lebens zu tun, z.B. damit, dass Nächstenliebe und die Liebe zu Frieden und Gerechtigkeit zum Kern des christlichen Glaubens dazugehören (✣ Bergpredigt; ✣ Jesus Christus). Gewiss kann man das oft nicht erkennen – aber trotzdem: die Bibel spricht davon, Jesus lebte so – und nach ihm viele Christen. Das wirkt anziehend.

Wahrscheinlich feierst du Pfingsten. Aber wie? Was gehört für dich zu Pfingsten dazu? Die Natur zeigt um Pfingsten, wie schön der Sommer sein kann. Aber Pfingsten ist mehr: Der Geist Gottes bewegt und begeistert Menschen.

Mensch, der Gottes Stimme hört und sich von Gott berufen und beauftragt fühlt, z.B. Mose, Elia, Natan, Bileam. Mahner der Gegenwart und Künder von zukünftigem Unheil oder Heil: Jesaja, Jeremia, Ezechiel, Daniel sowie zwölf weitere Schriftpropheten, in deren Namen ein Buch der Bibel überliefert ist, z.B. Jona, Micha, Sacharja, Amos.
Im Islam besonders Mohammed, der „letzte Prophet" – das heißt: der, der das letzte und wichtigste Wort hat.

„Gott, was willst du von mir?"
Der Prophet bekommt seinen Auftrag und erschrickt: „Aber, Gott, das kann ich gar nicht!", ruft er. Gott lässt nicht locker. Er bietet Hilfe an – er legt dem Propheten seine Worte in den Mund, er begleitet ihn, er gibt ihm einen Begleiter oder ein Zeichen. Die Propheten leben gefährlich: Wenn sie unangenehme Botschaften ausrichten, werden ihre Hörer zornig.

„So geht es nicht!"
Es sind oft unangenehme Botschaften, die die Propheten ausrichten. Die Menschen leben nicht so, wie es Gott gefällt: Die Reichen sind geizig, die Mächtigen unterdrücken die Armen, jeder denkt nur an sich, es fehlt an Mitleid, an Liebe, an Zeit für Gott.

„So sollt ihr es machen!"
„Es ist dir gesagt, Mensch, was gut ist", rief der Prophet Micha seinen Hörern zu. „Nämlich Gottes Wort halten, Liebe üben und demütig sein vor deinem Gott." (Micha 6,6).

„Wehe, wenn ihr euch nicht ändert!"
Der Prophet Jeremia nahm einen Tontopf und zerschlug ihn (Jeremia 18). „Seht ihr", rief er. „So kann ein Töpfer mit den Dingen umgehen, die er gemacht hat. Gott hat euch gemacht. Kann er nicht ebenso handeln?"

„Verliert nicht die Hoffnung!"
„Gott wird euch trösten!" Gerade wenn es schlimm steht um die Menschen und ihr Leben, stehen Propheten auf und sagen: „Das ist nicht alles. Denkt daran: Gott liebt diese Welt!" Die Propheten machten Hoffnung auf ein Kind, das einst geboren würde, auf einen zweiten König David: „Er heißt Wunder-Rat, Gott-Held, Ewig-Vater, Friede-Fürst", sagte Jesaja (9,5).

Jesu Jünger und viele andere Menschen zu seiner Zeit glaubten, dass Jesus der zweite David sei, den die Propheten angekündigt hatten. Christen glauben das. Viele Lieder erzählen davon (Weihnachten).

Psalm

An Gott gerichtetes Gebet und Lied, von einem Einzelnen oder der Gemeinde. Zum Fest oder im Alltag. Der *Psalter*, in der Mitte der Bibel, enthält 150 Psalmen: Lob, Dank, Klage, Bitte.

Viele der Psalmen werden ⁂ David zugeschrieben.
Die Sprache der Psalmen ist bildhaft und einprägsam – hier finden Menschen Worte, um sich im Leben zurechtzufinden; aber auch Worte, die helfen können, wenn sie vor Angst, vor Schmerz, vor Glück sprachlos geworden sind.

Psalm 1

Wohl dem, der Lust hat
an der Weisung des Herrn!
Der ist wie ein Baum,
gepflanzt an den Wasserbächen,
der seine Frucht bringt zu seiner Zeit,
und seine Blätter verwelken nicht,
und was er macht, gerät wohl.

Psalm 22

Mein Gott, mein Gott,
warum hast du mich verlassen?

Psalm 23

Der Herr ist mein Hirte,
mir wird nichts mangeln.

Psalm 103

Lobe den Herrn, meine Seele,
und vergiss nicht, was er dir Gutes getan hat.

Psalm 139

Nähme ich Flügel der Morgenröte
und bliebe am äußersten Meer,
so würde auch dort deine Hand mich führen
und deine Rechte mich halten.

Dass alle großen Gefühle Gott vorgetragen werden können, ist eine Erfahrung, die durch alle Psalmen hindurch bis heute wirksam ist. Du findest in den Psalmen heutiger Bibelausgaben viele dick gedruckte Verse; sie eignen sich besonders als Taufsprüche, Konfirmationssprüche, Trausprüche, Worte zur Beerdigung oder einfach als Lebensmotto.

Manche Religionen rechnen mit Geistern oder mehreren Göttern. Mit denen muss man auskommen, damit das Leben gelingt. Dafür gibt es Regeln. Vor vielen Geistern und Göttern muss man sich fürchten.

Drei Religionen, das Christentum, das Judentum und der Islam, rechnen mit einem einzigen Gott. Sie sind sich einig:
Gott hat die Welt geschaffen und erhält sie. Gott hat die Menschen gewollt und zu seinen Partnern gewählt. Gott kennt jeden einzelnen Menschen und fragt nach ihm.

Ein *Mensch,* der in diesem Sinn an Gott glaubt, sagt: Ich bin an Gott gebunden, weil Gott sich an mich gebunden hat. Gott traut mir eine Menge zu – ich will meine Möglichkeiten nutzen.

Ein *Christ* glaubt, dass Gott in Jesus Christus sein wahres Gesicht gezeigt hat. Er sagt: Ich kann mich an Christus halten. Als mein Bruder und als mein Wegweiser führt er mich zum wahren Leben.

Paulus lehrt: Mit Gott ist kein Handel zu machen – so als könnte man sagen: Pass auf, Gott, ich bete ganz oft, ich nasche nicht, ich helfe armen Leuten – also musst du mir auch helfen. Sondern: Gott hat mich von vornherein lieb – das macht mich frei, anderen Menschen offen zu begegnen und das Leben zu lieben.

Lebenseinstellung.
Glaube an einen tieferen Sinn, einen höheren Willen.
Hoffnung, dass es eine Macht gibt, die über uns wacht.
Überzeugung, nicht allein sich selbst und für sich selbst verantwortlich zu sein.

Beten ist sprechen mit Gott

An Gott glauben heißt: einen Partner im Himmel wie im Leben haben – einen, der immer zuhört, wenn ich etwas auf dem Herzen habe; einen, der mitgeht, auf leichten und schweren Wegen (Segen).

Rut

Buch im Alten Testament. Nach Kapitel 4 des Buches Rut ist Rut die Urgroßmutter König Davids. Beispielhaft ist ihre Treue zur Schwiegermutter: „Wo du hingehst, da will ich auch hingehen" (Rut 1,16f.).

Das Buch Rut erzählt die Geschichte einer Familie aus Bethlehem. Während einer Hungersnot zogen sie in die Fremde. Dort ging es ihnen gut und sie blieben. Die beiden Söhne wurden erwachsen und heirateten. Dann starb der Vater und nach ihm auch beide Söhne. Die Frau, Noomi, blieb mit den – einheimischen – Schwiegertöchtern allein.

Damals konnten Frauen nicht allein für ihren Lebensunterhalt sorgen. Witwen waren darauf angewiesen, dass männliche Verwandte sie in ihr Haus nahmen und für sie sorgten.

Darum beschloss Noomi, nach Bethlehem zurückzukehren. Die beiden Schwiegertöchter begleiteten sie bis zur Grenze. „Nun geht zurück", sagte Noomi den jungen Frauen. „Ihr habt genug für mich getan. In die Fremde müsst ihr mir nicht folgen." Die eine Schwiegertochter verabschiedete sich. Die andere aber – Rut – sagte: „Nein, ich bleibe bei dir. Wo du hingehst, da will auch ich hingehen. Wo du bleibst, da bleibe auch ich. Dein Volk sei mein Volk, und dein Gott sei mein Gott."

n Bethlehem heiratete Rut Boas, einen Verwandten der Familie. Obed, ihr Sohn, wurde später Davids Großvater.

Ruts Worte werden gern als Trauspruch verwendet.
Sie enden mit dem Versprechen: „nur der Tod wird dich und mich scheiden" – Das versprechen sich auch Paare, wenn sie sich kirchlich trauen lassen.

Wie Menschen sich die Schöpfung vorstellten
„Am Anfang schuf Gott Himmel und Erde" – das ist der erste Satz der Bibel. Es folgt ein sorgfältig geordneter Text, der Gottes Schöpfungswerke auf sieben Tage verteilt: Licht und Dunkelheit; die Wölbung des Himmels; Erde und Wasser und Pflanzen; Sonne, Mond und Sterne; Vögel und Fische; Säugetiere und Menschen: Mann und Frau. Gott erschafft all diese Werke mit seiner Stimme: „Gott sprach: Es werde ..." – „Und es ward". Der Erzähler bestätigt immer wieder ausdrücklich, dass Gott zufrieden war: „Und Gott sah, dass es gut war."

Der zweite Text (1 Mose 2,4ff.) ist eher eine Erzählung: Da macht Gott einen Menschen aus Erde und bläst ihm den Atem des Lebens in die Nase. Er pflanzt einen Garten und setzt den Menschen hinein. Er gibt ihm Tiere zur Gesellschaft und schließlich baut er aus der Rippe des Menschen eine Partnerin. Das Menschenpaar gehorcht Gott nicht und wird aus dem Garten – aus „Eden", dem „Paradies" – vertrieben. Der Erzähler macht deutlich, dass es in der Verantwortung der Menschen liegt, jenseits von Eden leben zu müssen.

Mit dem Begriff Schöpfung ist die Vorstellung verbunden, dass die Welt, in der wir leben, Gottes Werk und Wille ist. Zwei verschiedene Schöpfungsgeschichten eröffnen das erste Buch der Bibel (Genesis); Psalmen loben den Schöpfer (Psalm 8, 104).

Was Menschen mit den Schöpfungsgeschichten anfangen
Die Naturwissenschaften haben Theorien über die Entstehung der Welt entwickelt. Gott, der Schöpfer, kommt darin nicht vor. Ist er überflüssig, ist er unglaubwürdig geworden? Dazu muss man wissen, dass die „sieben Tage" und auch der „Garten Eden" *Bilder* sind. Menschen haben sie benutzt, um von Gott und Mensch zu reden. Sie wollten nicht wissenschaftlich erklären, wie Leben entstanden ist, sondern sie wollten zeigen: „Wir sind nicht allein auf der Welt. Es gibt eine Macht, die über uns wacht. Gott gibt sich Mühe mit uns. Er liebt die Welt."

Darum kann man diese Bilder weiter verwenden und weiter an Gott glauben – auch wenn man die Theorien der Naturwissenschaft vernünftig findet.

Gottes guter Wille für die Schöpfung ist eine Frage an die Geschöpfe: „Wie geht ihr mit meinem Werk um? Dankt ihr es mir? Haltet ihr es in Ehren?" Eine Antwort darauf sind Umweltschutzaktionen, auch viele kleine Dinge im Alltag: Wie viel Wasser verbrauche ich, ohne nachzudenken? Wie viel Müll produziere ich? Wie gehe ich mit Nahrungsmitteln um?

Segen

Zuwendung Gottes zu seinen Geschöpfen. Persönliche Zusage Gottes für Einzelne (☩ Abraham). Weitergabe der Zuwendung Gottes von Mensch zu Mensch – bittend, betend: *Gott segne dich und behüte dich …*

Am Anfang der Bibel wird erzählt, dass Gott in „sieben Tagen" die Welt schuf: das Licht zuerst, dann Himmel, Land und Meer, Pflanzen, Tiere und den Menschen. Vom „dritten Tag" an heißt es ausdrücklich: *Und Gott sah, dass es gut war.* Für Tiere und Menschen heißt es außerdem: *Gott segnete sie …*

Ein besonderer Segen begleitet Abraham und seine Nachkommen.

Auf der *Wüstenwanderung* des Volkes Israel spricht der Priester Aaron ein beispielhaftes Segensgebet (4 Mose 6,24–26). Bis heute werden die meisten Gottesdienste so beschlossen:

Gott segne dich und er behüte dich.
Er lasse leuchten sein Angesicht über dir und sei dir gnädig.
Gott erhebe sein Angesicht auf dich
und gebe dir Frieden. Amen.

Gesegnet wird in jedem Gottesdienst. Aber auch jedes „adios", „adieu" (spanisch bzw. französisch für „Gott befohlen") und jedes „tschüss" (eine Kurzform von adieu), jedes Winken und jedes gute Wort zum Abschied ist im Kern ein Segen. Gewünscht wird, dass es den Gesegneten „gut geht" – religiös gesprochen: dass Gott mitgeht.

Kaiser Konstantin I. bestimmte den Sonntag schon 321 n. Chr. zum Ruhetag. Im Laufe der Geschichte gab es verschiedene Regeln und Gesetze, die die Sonntagsruhe schützen sollten; im Mittelalter hieß es sogar: Wer am Sonntag arbeitet, kommt in die Hölle.

Die Sonntagsruhe der Christen ist nah verwandt mit der Sabbatruhe der Juden (eingeführt, weil Gott am siebten Tag von seinen Schöpfungswerken ruhte). Beide berufen sich auf das dritte Gebot: *Du sollst den Feiertag heiligen.*

Sonntag. Gesetzlicher Feiertag, an dem die Arbeit ruht. Christlich verstanden: Erster Tag der Woche, Tag des Gottesdienstes. Jeder Sonntag ist ein kleines Osterfest; er erinnert an die Auferstehung Jesu.

Jesus hat die Sabbatvorschriften der Juden manchmal bewusst gebrochen, z.B. um zu heilen. Er wollte zeigen: Der Sabbat ist für den Menschen da. Aber der Sabbat soll niemanden hindern, Gutes zu tun oder sich und anderen Freude zu bereiten.

Sabbat. Sonnabend, im Judentum der Ruhetag der Woche. Siebter Tag der Schöpfung. Zugleich Gedenktag an die Befreiung der Israeliten aus Ägypten (Passa/Exodus). Am Vorabend feierlich eingeleitet durch ein rituelles Mahl im Familienkreis.

Kaiser Konstantin

Es gibt unterschiedliche Interessen. Manche sagen: Wäre es nicht praktischer, wenn Fabriken immer produzieren und Fließbänder immer laufen könnten? Wäre es nicht besser, die Geschäfte stets offen zu haben und immer einkaufen zu können? Andere – besonders die christlichen Kirchen – warnen: Der Mensch braucht einen Wechsel von Arbeit und Ruhe. Das Gebot der Sonntagsruhe dient dem Menschen und seiner Seele. OHNE SONNTAGE GIBT ES NUR NOCH WERKTAGE.

Tora

Regeln für das Leben. Heilige Schrift im ⁂ Judentum.

Statt Gebote kann man Tora sagen – Weisungen oder Regeln für das Leben. Wenn Juden von der Tora sprechen, meinen sie aber viel mehr. So nennen sie die fünf Bücher Mose. Die sind für sie der wichtigste Teil ihrer Heiligen Schrift.

Die fünf Bücher Mose enthalten u.a. folgende Geschichten: ⁂ Schöpfung, Kain und Abel, ⁂ Turmbau zu Babel, ⁂ Arche Noah, ⁂ Abraham, Jakob, Josef, ⁂ Mose. Sie alle als „Weisungen für das Leben" zu bezeichnen, ist für Christen ungewohnt. Es gibt aber zu denken: Was kann man aus diesen Geschichten lernen, um besser und gottgefälliger zu leben? – Das ist die Frage, die Juden sich stellen.

Psalm 119 gibt einen Eindruck davon, wie wichtig die Tora für das Leben ist: „Wie habe ich dein Gesetz so lieb!", ruft der Beter. „Dein Wort ist meinem Munde süßer als Honig. Dein Wort macht mich klug; darum hasse ich alle falschen Wege. Dein Wort ist meines Fußes Leuchte und ein Licht auf meinem Wege."

Die Tora wird in jüdischen Gebetshäusern, den Synagogen, nicht in Buchform aufbewahrt, sondern so wie in frühen Zeiten: als Rolle. Die Torarolle in der Synagoge wird mit großer Ehrfurcht behandelt: Sie bekommt einen Mantel und Schmuck. Es gibt einen Schrank, in dem sie aufbewahrt wird. Sie wird beim Lesen nicht mit den Fingern berührt, sondern mit einem Lesestab.

Der Konfirmation evangelischer Kinder entspricht im Judentum die Bar-Mizwa-Feier für Jungen und die Bat-Mizwa-Feier für Mädchen. Bei ihrer Bar Mizwa zeigen die Jungen, dass sie nun selbstständige Gemeindeglieder sind: Sie lesen zum ersten Mal im Gottesdienst aus der Tora vor.

Turmbau zu Babel

Es wird erzählt, dass die Menschen einst eine einzige Sprache hatten und sich untereinander verstanden. Sie fürchteten aber, dass sie zerstreut werden könnten. So beschlossen sie, sich eine gemeinsame Stadt zu bauen, Babel. Als die Stadt fertig war, bewunderten sie ihre Baukunst und meinten, sie könnten noch mehr: „Lasst uns einen Turm bauen", sagten sie untereinander, „der bis in den Himmel ragt. Dann wird man uns nie mehr vergessen!"

Geschichte aus dem ersten Buch der Bibel, der Genesis (⁂ Schöpfung/Genesis). Der Erzähler warnt die Menschen davor, vor lauter Ehrgeiz Gott, sich selbst und die Gemeinschaft zu vergessen.

Der Erzähler wechselt dann die Perspektive und schwenkt zu Gott. Gott war besorgt über den Stolz der Leute. Er wusste, dass sie sich zu viel vorgenommen hatten.

Was dann geschehen sein muss, weiß der Erzähler aus eigener Erfahrung: Trümmer gewaltiger Bauwerke hat er gesehen – und die Völker der Erde verstehen sich nicht. So erzählt er, Gott habe eingegriffen. Er habe den Turm einstürzen lassen und die Sprachen der Menschen verwirrt.

Du kannst die Geschichte von ⁂ Pfingsten als Gegengeschichte zum Turmbau zu Babel verstehen.

Da wird erzählt, wie in Jerusalem Menschen aus den verschiedensten Ländern zusammenkamen. Die Jünger saßen still und traurig im Haus. Aber der Heilige Geist machte ihnen Mut, so dass Petrus hinausging und laut von Jesus Christus zu erzählen begann. – Und alle, die da waren, verstanden ihn: Parther und Meder und Elamiter ..., d.h. fremdsprachige Völker.

Weihnachten

Christliches Fest zur Zeit der Wintersonnenwende. Eingeleitet durch eine vierwöchige Vorbereitungszeit, Advent, wird am 24. Dezember der Heilige Abend, am 25. Dezember der Geburtstag Jesu begangen.
Zur Weihnachtszeit gehört auch das Fest der Heiligen Drei Könige, „Epiphanias".

Die Geburtsgeschichte Jesu, mit Stall, Krippe, Hirten und Engeln, ist nur bei dem Evangelisten Lukas erzählt, die Weisen aus dem Morgenland kommen nur bei Matthäus vor.

Geschichten von der Geburt wunderbarer Kinder gibt es auch sonst (Romulus und Remus, Herkules, Buddha). Sie entstehen aus der Annahme, dass ein bedeutender Lebensweg auch einen außergewöhnlichen Anfang gehabt haben müsse. Umso mehr gibt diese Geburtsgeschichte zu denken: Jesus ist arm, heimatlos, machtlos und von Anfang an in Gefahr. König Herodes verfolgt ihn. Die Hirten, die ihn preisen, sind arm und selbst am Rand der Gesellschaft.

Lukas macht deutlich, dass mit diesem Kind in der Krippe der Heiland der Welt geboren ist, Gottes Sohn, der Frieden bringt, der zweite David, den die Propheten versprochen haben.

Das Gleiche will Matthäus sagen, wenn er erzählt, wie weise Männer aus dem Morgenland voller Hoffnung das Kind im Stall suchen – und es anbeten!

Was an Jesus so besonders war, bleibt ein Geheimnis. Christen sind ihm zu Weihnachten auf der Spur.
Indem sie einander Freude bereiten und Geschenke machen, erinnern sie sich an das größte Geschenk, das Gott der Welt gemacht hat: Er sandte seinen Sohn, um die Menschen zu retten.

Wahrscheinlich feierst du Weihnachten. Aber wie? Was gehört für dich zu Weihnachten dazu? Weihnachten heißt auch das „Fest der Liebe" – wie drückt sich das im Feiern aus? Was bedeuten Weihnachtslieder, Kerzen, Tannenbaum ...?

Am 6. Januar, dem Epiphanias-Fest, ziehen Kinder als „Heilige Drei Könige" von Haus zu Haus und überbringen den Segen „Caspars, Melchiors und Balthasars" – in der katholischen Kirche werden mit dieser Aktion Spenden für die kirchliche Hilfsorganisation Misereor gesammelt.

Begründung der Gebote (2 Mose 20,2)
„Ich bin der Herr, dein Gott, der ich dich aus Ägyptenland, aus der Knechtschaft geführt habe." – Frei werden und frei bleiben ist zweierlei: Wer die Gebote hält, *bleibt* frei.

Drei Gebote, um mit Gott gut zu leben (2 Mose 20,3–11)
Du sollst nicht andere Götter haben neben mir.
Du sollst den Namen Gottes nicht unnütz gebrauchen.
Du sollst den Feiertag heiligen.

Sieben Gebote, um mit den Mitmenschen gut zu leben (2 Mose 20,12–17)
Du sollst deinen Vater und deine Mutter ehren.
Du sollst nicht töten.
Du sollst nicht ehebrechen.
Du sollst nicht stehlen.
Du sollst nicht falsch Zeugnis reden wider deinen Nächsten.
Du sollst nicht begehren deines Nächsten Haus.
Du sollst nicht begehren deines Nächsten Weib, Knecht, Magd, Vieh, noch alles, was sein ist.

Geschichte
Als Mose mit den Gebotstafeln vom Berg stieg, fand er, dass das Volk das erste Gebot bereits gebrochen hatte: Sie hatten sich aus Gold einen Stier-Gott gemacht und tanzten darum herum, lobten ihn und beteten ihn an.
Mose war entsetzt und schmetterte die Tafeln zu Boden. Später bat er Gott um Verzeihung für sein Volk. (2 Mose 32)

Regeln für das Leben.
Teil der ✣ Tora. Der Tradition nach von Gott auf Tafeln geschrieben und Mose am Sinai übergeben. Von Mose zerschmettert; anschließend neu gefertigt. Nach 2 Mose in der *Bundeslade* bewahrt, die später im Tempel in Jerusalem ihren Platz fand.

Die Zehn Gebote sollen nicht einschränken und bedrohen, sondern das Leben leichter und freier machen.
Im Kern ging es damals wie zu Jesu Zeiten wie auch heute um das Gleiche: Was soll ich beachten, damit mein Leben gelingt und das Leben anderer auch gelingen kann?

Quellen

Texte

Nicht eigens ausgewiesene Texte sind Autorentexte des Erarbeiterteams.

75, 105, 106, 143, 153, 175, 188f., 192f., 200f., 204, 210f.: Lutherbibel, revidierter Text 1984, durchgesehene Ausgabe in neuer Rechtschreibung ©1999 Deutsche Bibelgesellschaft Stuttgart
26: Siegfried Macht nach einer jüdischen Anekdote
28, 29, 236ff.: Martina Steinkühler, Wie Brot und Wein, Das Neue Testament Kindern erzählt, Göttingen 2005
31, 80, 214, 229: Siegfried Macht, Bayreuth
39, 122f., 161f., 168f.: Martina Steinkühler, Wie Feuer und Wind, Das Alte Testament Kindern erzählt, Göttingen 2005
44: Aus der Normandie, Franz von Assisi zugeschrieben
60, 61: ©„Brot für die Welt", Stuttgart
78: 11.10.2000 – (idw) Fachhochschule Aachen
98: Vergiss es nie; Originaltitel: I Got You; Text und Melodie: Paul Janz, Dt. Text: Jürgen Werth ©Paragon Music Corp., Printrechte für D, A, CH: Hänssler Verlag, D-71087 Holzgerlingen
115: Bärbel Wartenburg-Potter in: Hüffell/Hirsch-Hüffell, Gott macht aus Nichts eine Welt, Göttingen 2005, 127
125: Dieter Trautwein, ©Strube Verlag GmbH, München – Berlin
233: ©Jens Weißflog
243: In: Husmann/Klie, Gestalteter Glaube, Göttingen 2005, 7f. (Auszüge)
251: Jürgen Henkys, ©Strube Verlag GmbH, München – Berlin

Bilder

Nicht eigens ausgewiesene Abbildungen stammen aus den privaten Beständen des Erarbeiterteams.

5, 11, 12, 13, 17, 21, 35, 45, 48, 52, 53, 65, 66, 73, 77, 87, 93, 99, 111, 117, 129, 133, 137, 147, 155, 163, 164, 171, 177, 185, 186, 190, 197, 205, 215, 223, 231, 239, 245: ©Michael Fabian, Hannover

15: Gemälde in der Katakombe St. Comodilla, akg-images
18: Christian Schweitzer ©Pfarre Aspern
19: Aachener Evangeliar der Palastschule Karls des Großen, Aachen, Anfang 9. Jh., Domkapitel, Aachen; Foto: Ann Münchow
20: Helmut Gensler; Figuren und Szenenbild: Edeltraud Freigang
23, 67: ©Thomas Gottwald, Zirndorf, www.tgottwald.de
24: Fischen verboten, Manfred Delpho, Rannenberg and friends Hamburg
25, 101, 107, 133 (2), 188: Norbert Dennerlein, Seelze
28, 42, 74, 130, 131, 247: ©Mirella Fortunato, Wiesbaden, www.illustrami.de
30: Pieter Brueghel, Die Nächstenliebe
32–33, 62–63, 84–85, 108–109, 126–127, 144–145, 194–195, 220–221: ©Nadine Zapf, Wiesloch
36: Vermittler, ©Sebastian Gögel, Leipzig
38, 96, 172: ©Milena Enss, Reinfeld
41, 90, 280: ©Sybille Hassels, Münster
43: Schafe (1912), Franz Marc, ©Saarland Museum, akg-images
46: Lady im Sonntagskleid, ©Waltraud Goller, to-be-liked GmbH; Magd, Dr. Christoph Bühler, Lindwurm-Museum, Stein
50: Ruhe, Gütegemeinschaft Mineralwolle e.V.
57, 58, 69: ©Bernd Beuermann, Katholische Kirchengemeinde St. Michael, Göttingen

59: ©Svetlana Kilian, Köln, www.svetlana-kilian.com
61: „Brot für die Welt“, Stuttgart
66: Straußenei, ©Kaiser-Kaplaner, www.musica.at
68, 121 (3), 123, 153: Wolfgang Pusch, Morsum
75: Himmelfahrt, ©Anja Runkel, Stadtarchiv Trier
76: Rembrandt, Und sie sahen ihn nicht mehr
78: ehapa: 70 Jahre Donald Duck
79: ©Kurt Jaehnig
81: ©Christian Jungwirth, Graz-Seckau, www.bigshot.at
82/3: Britta Müller-Diesing, in: Maurer/Löwer-Lenau, Entdecke das Jahr, Göttingen 2007, 8f.
91, 264, 265, 271, 275: Karlo Meyer, Hildesheim
94, 208: Katrin Wolff, Wiesbaden
95, 114f.: ©Knut Piwodda, www.insektenmakros.de
97: ©Sieger Köder, Schöpfung
98: ©Foto-Briefmarke.de
100: Meerschweinchen: www.sweetcavias.de
102f.: ©Johannes Langbein, Hamburg
104: Reiner Andreas Neuschäfer, Rudolstadt
112: Merian: Schöpfung, akg-images
113: Der Landmann, akg-images
118: Sylvie Mittmann, Göttingen
120: www.geo-touristik.net
121: Sigrid Seiler, Stade; Bernd Bindewald, Pattensen
124: ©Sieger Köder, Abraham. Die Nacht von Hebron
135: Marc Chagall, Jakobs Traum, ©VG Bild-Kunst, Bonn 2006; Vorlage akg-images
136: Rembrandt, Die Versöhnung von Jakob und Esau
138: Brunella Brunnen, ©www.oeko-energie.de
139: Weggeworfen, ©Johann Swist, München
140f.: Elisabeth Buck, in: Religion in Bewegung, Göttingen 2005, 74
148: Michelangelo, Mose; akg-images
149: Rembrandt, Mose
150: Mose im Binsenkörbchen, ©Cornelia Forster, www.adhikira.com
151: Rembrandt, Mose am brennenden Dornbusch
152: Werner Milstein, Rahden
154: St. Martin, kath. Münsterpfarrgemeinde St. Martin
156, 160, 161: ©Salvador Dalí, Junges Mädchen von hinten, Gala-Salvador Dali Foundation/VG Bild-Kunst, Bonn 2006
162: ©Martina Reimann, www.kunstforum-reimann.de
165: Schubladen, ©Charito Gil, www.traumlaboratorium.de
166f., 244, 250, 284: ©Wolfgang Schoberth, Mistelgau
169: Gabriele Hafermaas, in: Hosentaschenbibel (hg. von Horst Heinemann), Göttingen 2004
170: Georges Kellenberger, Winterthur, www.glasatelier-gkwi.ch
175: ©Iris Villalobos, Bremen
178: dpa Picture Alliance; Kopernikus-Realschule Hennef
180, 226, 243: Thomas Hirsch-Hüffell
181: Tanz ums goldene Kalb, ©Ulrich Ahrensmeier, Kirchengemeinde St. Martin, Hannover-Linden
182, 183: Hartmut Gericke, Hardegsen
184: Werner „Tiki“ Küstenmacher ©Claudius Verlag, München
187: Das Spinnenorakel, ©Klaus Paysan Galerie Peter Herrmann, Berlin 2004
189: Ikone, akg-images
192: Tilman Aumüller, Leipzig
193: ©Sieger Köder, Vision des Jesaja (Ausschnitt)
198: Papst Johannes Paul II, dpa Picture Alliance:
199: Petersplatz, Kupferstich, akg-images

200: Petrus mit dem Schlüssel, Erzbischöfliches Ordinariat München, Kempter K3, Bildlabor GmbH
201: felsenfest, Fritz Föttinger, ©VG Bild-Kunst, Bonn 2006
202: Philipp Otto Runge: Petrus auf dem Meer, Bildarchiv preußischer Kulturbesitz
203: ©Sieger Köder, Der Hahn des Petrus
204: Pieter Brueghel, Turmbau
207: Die Schöne und das Biest, www.kultursommer.de Rheinland-Pfalz
210: Das jüngste Gericht, Basilika Sainte-Madeleine, Vezelay, Frankreich, akg-images
212: Circus Mumm, mail@CircusMumm.de
213: Luther auf der Wartburg; akg-images
216, 217: ©Brigit Wyder Hösli; www.wyder-hoeslich, Luzern, Schweiz
218: Trauer, ©Peter Pasternack, Aachen
219: ©Aeternitas e.V., Königswinter, www.aeternitas.de
224: ©Otto Buchegger, www.euxus.de
225: www.meereswelten.de/presse ©Archi-Me-Des.com, German Lewiski
228: Michelangelo Buonarroti, Das Jüngste Gericht, 1536-41. Ausschnitt: Verdammter aus dem Höllensturz. Rom, Vatikan, Mondadori-Electa 1999. akg-images/Electa
230: ©Cornelia Röder, Hannover
232: ©Bernd Gießmann, Hockenheim
233, 246: ©Thomas Bäuerle, Calw
235: Pierrot, Quebec, Kanada
236–238: Verlorener Sohn, ©Gisela und Rainer Wenzel, www.friedenskirche-marl.de
240–242: Phillip Angermeyer, Heidelberg
244: DVD Cover: Gerth Medien
248: Wolfgang Lettl, Jeremias 2004, Museum für Surreale Kunst, Augsburg-Lindau, ©VG Bild-Kunst, Bonn 2006
249: Janet Brooks Gerloff, Unterwegs nach Emmaus, 1992, ©VG Bild-Kunst, Bonn 2007
251: Albin Moroder; www.moroder.at
255: Leon Makarian ©VG Bild-Kunst, Bonn 2006
258: WWF: www.global-gang.de
259: Pfarrkirche St. Luzia in Eschfeld, www.eifelmaler.de
269: ©Sieger Köder, Stammbaum Jesu
278: Papst Benedikt, dpa Picture Alliance
279: Angelika Deese, Göttingen
285: weckner media+print GmbH, Göttingen

Der Verlag hat sich bemüht, die Rechteinhaber der verwendeten Materialien ausfindig zu machen. Für weiterführende Hinweise sind wir dankbar.